一

线

教

师

一 线 教 师

管 建 刚 著

梦山书系

海峡出版发行集团 | 福建教育出版社

梦 山 书 系

　　"梦山"位于福州城西，与西湖书院、林则徐读书处"桂斋"连襟相依，梦山沉稳、西湖灵动、桂斋儒雅。梦山集山水之气韵，得人文之雅操。福建教育出版社正坐落于西湖之畔、梦山之下，集五十余年梓行之内蕴，以"立足教育、服务社会、开智启蒙、惠泽生命"为宗旨，将教育类读物出版作为肩上重任之一，教育类读物自具一格，理论读物品韵秀出，教师专业成长读物春风化雨。

　　"梦"是理想、是希望，所谓"梦想成真"；"山"是丰碑，是名山事业。"积土成山，风雨兴焉"，我们希望通过点点滴滴的辛勤积累，能蠡起教育的高山；希望有志于教育的专家、学者能鼓荡起教育改革的风雨。

　　"梦山书系"力图集教育研究之菁华，成就教育的名山事业之梦。

目　录

手记三:一线"协助学"/40

手记四:一线"情感学"/60

手记十:一线"反思学"/193

后记　我们都是一线教师/210

关于本书

本书与课堂教学研究无关，也与我的作文教学研究无关。

本书记录着，作为一线教师的我，每日里大量付出却不为人知的部分。

不只我。一线教师无日不做着大量琐碎的事，它吞噬着一线教师鲜活的生命。它最不该被视而不见。

它却最被视而不见。

我的亲人，我的兄弟姐妹，见我忙忙碌碌，很不解：

"你们教师，一周才几节课，有啥好忙的？"

"教师嘛，不就备几节课、上几节课、批几本作业？"

两年前，我下决心，记录"上课""备课""批作业"外，我究竟忙碌着什么。

两年来，我记下了 30 万字，它们可以回答我的亲人、我的兄弟姐妹。

不只时间上的忙碌，一线教师心头的忙碌、精神的马不停蹄，谁解？

于是，有了本书。我只是将点点滴滴，婆婆妈妈地记下来。在不被人知晓和理解的状况下，事实是最好的发言。

事实胜于雄辩。

如果你以为一线教师"不忙"，请你翻翻它，它就是最好的回答。

如果你以为一线教师"好当"，请你翻翻它，它就是最好的个案。

如果你也是一线教师，我的朋友，我们心灵相通。本书，或许并不能给你的一线生涯，带来实质性的帮助，但它至少道出了一线的那些事儿，一线的那些得失与甘苦，一线那些不该被遗忘、不该被忽略而正被忽略和遗忘的事。

紧握你的手，我的战友。

序1

我和"管大"搭班

一线教师　张劼

我是一名普通的一线教师，却是学校里最令人羡慕的一员。我有幸和"管大"搭班。

那时，管老师刚来我们学校，初为同事，我对他的作文教学却久闻大名。这次搭班，我可以近距离地观察、了解他啦。接班一星期，管老师便俘获全班40颗真挚的童心，也获得了全体家长的高度信任，管老师不是班主任，不在"主任"之位，却做了很多"主任"的活。管老师把对孩子们的爱融入每一节课、每一次谈话、每一个眼神。他的言传身教柔软了孩子们的心灵，澄净了他们少年的浮躁，也给我这个班主任一次又一次的惊喜。

读《一线教师》，时间回到了两年前的每一天。

学生喜欢管大，他亲切、没架子，喜欢和学生混在一起，学生打篮球，能找到他的身影，就算在场外，成拉拉队了，他也是喊得最响的一个。

学生爱听管大说话，他妙语连珠，富有幽默感，句句诚恳，有说服力。

学生喜欢管大，他的作业布置有弹性和层次，对付作业拖拉王，他也有妙招。

学生喜欢管大，他有一个充满智慧的大脑袋，金点子一个接一个，"作业合同""特殊的默写"都是孩子们津津乐道的话题。不光学生，班主任和家长也能从中受益，班级管理遇到难题，与孩子沟通遇到障碍，我喜欢请管大帮忙，他就像出谋划策的军师，能四两拨千斤地化险为夷。

学生喜欢管大，他的课堂绝不沉闷，作文教学更是一绝，讨厌作文的孩子也把作文当成了爱好，班级里人人会写，人人爱写。

学生喜欢管大，他办《班级作文周报》，那是学生诉说心事、记录趣闻、调侃生活、畅谈理想的平台。"大连跳事件""追星"风波，让我感动不已的"张老师争夺战"……

学生喜欢管大，期末复习他也有一套，不枯燥、不机械，窍门一箩筐，出现了"闻式复习法""耿扬的复习大全"等一些经典的实战"兵书"。

学生喜欢管大，他让男孩子懂得了什么是"男子汉"，也让全班明白了什么是责任。汶川地震，管老师第一时间制作了感人的幻灯片，孩子们身临其境，感受生命的奇迹和人间的真情，调皮的孩子一夜之间长大了，懂事了。

学生喜欢管大，他知道学生需要什么，知道学生喜欢什么，孩子们都说他有一双能"透视"心灵的眼睛。

学生喜欢管大，他对孩子有真感情，他的爱没有附带条件……

管老师善于思考、做事细致、饱含热情，他的教育和教学是有实践力的。《一线教师》记述着管老师平日工作的"小事"，没有夸张、没有掩饰、没有雕琢，每个故事都让我犹如身处时光倒流之中，渐渐淡忘的细节随着文字的叙述，逐渐清晰起来。

管老师总是用笔，记录着每天发生的故事，两年的点点滴滴，汇成了几十万字。书中，写的是"宏大"的教育理论之外被忽略的日常工作，谈的是默默无闻又真切实在的教育小事。

管老师替一线老师说出了自己的繁琐事，一线教师的工作，没有可歌可泣的英雄壮举，没有市场经济的分配法则。只要心中有"责任"，你，我，他，每个一线老师都可以像管老师一样。

感谢管大，和他搭班两年，我把"责任"写进了内心，偷学了不少"管式"方法。感谢管大，用两年的时间，记录我们一线老师平淡朴实的工作、情感和生存方式，并用最平淡朴实的语言告诉大家。

《一线教师》再版，我没有太大的意外，真诚的管大、真挚的文字、真实的故事所蕴含的魅力，就是这样。第一次接到《一线教师》的写序任务，我惶恐过。认真读了书稿，我才理解管大的选择，只为我就是那个和管大一起搭了两年的班主任。

如今再次翻开书页，除了那一幕幕美好的回忆，又多了几分感慨。和管大搭班的两年中悟到的点点滴滴，让我这个一线教师多了几分对学生的理解、多了几分对工作的激情，不经意间，家长给了我更多的尊重，学生给了我更多的关爱。

我陶醉在"一线教师"的角色之中。

序2

其人，其事，其书

一线教师　丁珏

开学前几天，同事打来电话："听说了吗？这学期你要和新来的副校长搭班了。"新来的副校长？谁啊？"调来的，姓管，叫管建刚，语文老师，据说文章写得超好。"新官上任三把火，不知道我和他搭不搭得来。两年里，我对管老师的认识由浅及深，由远观到近瞧，我和老师们都慢慢喜欢上了"老大哥"。我们发现：

他幽默。他说话，你得听仔细，听完以后，再想想，总能让你笑出声来。一次，我要外出听课，找他换课，他说："不换。"我呆了，哪有这么拒绝人的呀？哪有这么当同事的呀？他又补充了一句："除非你把课送给我。"哈哈，求之不得，大活动课，带学生去操场活动的课呀。我很大方地送给了他。我们班的小家伙，大概也是这么被他幽默上的，才上两天的课，一副离不开他的样子。一次，他给隔壁班学生上了一堂语文课，课后，学生们感叹："哎呀，管校长为什么只教他们班？为什么不来教我们啊？"

他亲切。特级教师，你一点都不会觉得他高高在上，遥不可及。上课铃响，他大男孩似的跑步去教室。一下课，孩子们不见了，一问，都在他办公室。孩子们进去了不想出来，真搞不懂，他怎么有如此的吸引力。孩子们把他当成了"孩子王"，给他起了好多绰号，"管金刚""管头""管大"，搞得我们都叫他"管大"。孩子们和他在一起，觉得轻松、自在，身边的老师也是。我们和他搭班，更有体会。哪天没去上课，隔天他会问："哎，身体好些了吧？"

他敬业。上课之余，管大总坐在自己的办公室里。我很疑惑，问："管大，你一个人待在这里，没人说话，闷不闷啊？"他的回答让我惊讶："没觉得啊，批批作业，写写文章，挺有意思啊。"他大概、的确每天都坚持把当天发生的事写下来。他也曾建议我这样做，这事我光想想就"一个头两般大"。我无法想象他居然做得到。看到这本书，我信了，也终于明白"只要功夫深，铁杵磨成针"是怎么回事。这本书，就是从每日的一点一滴中诞生的。看完整本书，你会发现，在他与孩子们相处的时间里，他无时不以学生的忧为忧，无时不以学生的喜为喜，他总在想办法带好班级，教好学生。

他坚持。和管大认识也有好几个年头，我常用"老好人"形容他，这三字，从他平日表现出来的脾气、待人处事的方式总结出来的。然而我知道，他更是一个坚持、固执、向着既定目标勇往直前的人。作文教学上有那么多的困难、困惑，他总说"办法总比困难多"；学校里，他分管"考试改革"的推进，顶着各方的压力他不动摇；身为特级教师的他，常要外出讲课，常有约稿，每年出一本新书，却和所有的语文教师一样，坚守一线，从不放弃……

"一线教师"，光听书名，我就觉得特亲切。一线教师，写的不就是我们吗？管大让所有不了解一线教师的人，了解和理解一线教师的苦和累、欢和乐。他把教师平日里在学校做的琐碎事、平淡事，写得真真切切，又叫人掩卷沉思。

　　书里面写的，都是发生在我们身边的。我们也曾像管大一样为孩子的不懂事而伤脑筋。每一天，除了面对教材、面对作业、面对备课本，我们也面对着各色各类的学生，以及发生在学生身上的五花八门的事，这些也都在书中真实地反映出来，是的，老师的职业绝不如你想象中的那么单纯、那么简单。

　　总有家长不理解老师，孩子回去说了些对老师埋怨的话，家长们总把过错往教师身上想，往教师身上推，他们太爱孩子，太相信孩子了。真希望家长朋友也能看到这本书，看过之后，我相信家长朋友会更理解老师，懂得老师，尊重老师。

　　这本书，大家一定不能错过，你看了一定会有感触和收获。而管大，你也不能错过，他就是这么一个兢兢业业，埋头教育工作的普通的人民教师。

手记一：一线"作业学"

有人说，没有素质将失去明天，没有分数将失去今天。没有今天哪来明天？扯到末，分数乃师生的头等大事。十多年的一线滚爬，我取得真经——考试成绩，功夫往往不在课内。千万不要认为，课上好，学生就能考好。

学困生，清一色的作业拖拉王，今天的作业到明天交，明天的作业后天交，后天的作业老师的脑子里挂不住了，他们趁此溜号。有老师记性好，三天后还念着三天前的，找到他们，三天的作业都堆着呢，一副"打死我也来不及"的"英雄气概"。抓成绩，作业是关键。一个班级，每天的作业都清算了，该交的都交了，该订正的都订正了，学习风气肯定好，学习成绩肯定差不了，哪怕老师的科研水平一般，哪怕你听他的课想打瞌睡。一线"作业学"，一名从教 20 年的一线教师，近来无师自通的真理儿。

组建作业竞赛小组

一线教师抓作业付出的精力，不比备课、上课少。

没交作业的学生，得去催，可气的是，他玩得正带劲，你提醒他，他撅着嘴，一万个不情愿。放学，一数作业本，还缺。去班级问谁还没交，无人举手。按着交上来的本儿，一个个报名字，没报到名的，手忙脚乱翻书包，哦，本子安静地躺着，主人以为早交了。一批，有错，订正。一来二去，半个多小时。

昨天，又有几位没交。放学去查，才逮住了他们。近六点才订正完。作业，你进一，学生退一；你退一，学生进二，不硬不行，得"一竿子插到底"。

"管老师，你关我们夜学。"王宇俊说。

"错。是你关我夜学。"我反击，"老师五点下班，都回家了。老师也是人，家务要做，饭要煮、菜要炒、地要拖、衣服要洗。你们没及时完成作业，我只好留下来，是你们关了我，居然倒打一耙！"

学习就要有股劲儿。自愿的，最好；不自愿的，得逼。林清玄说了，人生成就大抵都是"逼"出来的，父母"逼"，老师"逼"，工作"逼"，环境"逼"，对手"逼"……

王宇俊不服："强迫出来的人生将是虚空一场。"

反对有理。不过，全是"自由自在"，人生将是一场空虚。

人，都有惰性，能松一下就松一下。很多人就缺逼一逼，最终一事无成。逼学生"当日作业，当日完成"，就像小时候，妈妈逼你刷牙，刷牙成习惯了，不刷，反而不习惯。

作业的事儿，每天耗去不少精力。蛮干不如巧干，怎样让学生的作业和订正，交得及时、完整起来？

作业竞赛。

四人一组，作业习惯好的当组长。一天下来，四人都"当日作业当日完成"，得 100 分；缺一本，扣 10 分。每周结一小分，每月结一大分，评冠军、亚军和季军，颁纪念品。找来班长、学习委员和课代表，商定 10 位小组长。找来小组长，由小组长选小组成员。

三位“作业老大难”，没小组要。做了一番工作，小组长才勉强接受。

送走了小组长，找来“老大难”们：“知道作业小组的事吧？没人要你们。”

“没人要就没人要，有什么了不起。”瞿伟琪一脸满不在乎。

“生活在一个集体里，没有人要，很没面子的。”见他这样子，我刺激他，刺激才能挑动，“这个人若还觉得没什么，一点不在乎，那是大问题了。”

瞿伟琪尴尬起来。

“你也只是嘴硬。大家争着要你，希望你到他们组里去，你肯定也高兴，对不对？”瞿伟琪点了点头，认真倾听起来，“小组都不要你，你要反思自己的作业问题。现在，有三个小组长接纳了你们，好好表现，不要让人瞧不起。及时完成作业，你说，真有那么难吗？”

几位都摇了摇头。

告知小组不要他们，得到一次警策，对他们来说，未尝不是好事。

评分表设计好。效果如何，要看执行。执行力，中国的普遍问题哪。

与作业拖拉者订作业合同

我请组长召集一次小组会议，研究对策：如何在每周的作业积分中获胜。

邹铭恒向我告状：“我们小组开会的时候，孙在君来偷听，还把偷听到的条例，原封不动地搬到他们小组去。”

看着邹铭恒生气的样子，我倒很开心，大家重视了嘛。

"他来偷窃你们，说明你们做得好。你们的条例，小组成员商量出来的，大家同意的，集体生出来的；他们小组照搬，效果肯定没你们好。一、这些条例不一定适合他们；二、即使适合，由于不是他们'亲生'的，不能引起大家的支持。所以，他们已经输了一把了。"

邹铭恒转过头去看了一下孙在君，得意地笑了。

沈翔小组也在开会。头一天，他们小组最低，扣了40分，每人各扣10分。沈翔也是唯一一个没带好头、被扣分的小组长。我当然要去看看。

"不管怎样，我希望明天看到你们的翻身仗。"他们纷纷附和。这事还没处理完，李静贤找我来了："管老师，管老师，王宇俊不肯参加我们的会议，跑了。"

跑哪里了？男厕所。

王宇俊，虎头虎脑的小男生。开学第一天，奶奶拉着他，找我要电话号码。当时没在意，隔两天，才明白奶奶的用意。这小子，哪像五年级学生，毛头毛脑，只顾着玩。每个中午，都满头大汗。你若问作业，对不起，抛爪哇国了。奶奶要电话，好随时了解情况，督促他。

小组作业捆绑评分，他当然丢分。姚昕怡、李静贤找他开会，他倒好，溜进男厕所，看你们怎么着。

从男厕所里找出他来，我问："你不愿参加小组作业评比？"他不说话。

"你恐怕不知道，昨天有三位男生，平时作业拖拉，小组长都不要他们。而姚昕怡、李静贤一下子选了你。恕我直言，你平时的作业也很拖拉。她们如此有情有义，叫你开个会，你却溜到男厕所，对得起她们吗？"

他不吭声，满眼不屑。真是个倔孩子。

"你到底愿不愿意参加他们小组？"

"不愿意。"

"不参加小组，你作业交给谁？"

"我交给老师你。"

"行。要是你不及时完成作业呢？"

"一次作业没做，罚做一遍；两次作业没做，罚做两遍；三次作业没做，罚做三遍……"

好，顺着他的倔劲办事。

"行，拉钩。"我伸出小指，两个人拉在一起，"除了拉钩，还得签一份合同，有凭证。"

我让王宇俊去写合同。他写，印象深，也易执行。真如此，参不参加作业小组，无所谓。

放学前，王宇俊拿来草拟的合同，内容如下：

管建刚和王宇俊的作业合同

甲方：王宇俊

乙方：管建刚

合同内容：

　　甲方王宇俊自动放弃参加小组作业评分活动，每天的各项作业自己直接交给管老师，并承诺：一次作业没做，罚做一遍；两次作业没做，罚做两遍；三次作业没做，罚做三遍，依此类推。

甲方签字：

乙方签字：

　年　　月　　日

我打印了两份，郑重其事地签了名，他也郑重其事地签了名。每人各保管一份。

晚上，我给王宇俊奶奶打了电话，父母不在身边，他的生活、学习奶奶管着。我希望通过合同，改变宇俊的作业态度。成，当然好；不成，不会无限制"罚"下去。起初几次，一定要遵照合同，请理解。放下电话没多久，奶奶又打回来："王宇俊不愿意参加作业小组，是小组里的人老对他指手画脚的，他不舒服。"

我请王宇俊接电话："你有你道理，我信。合同已经签了，那就好好遵守好合同。每次作业你都做好了，小组觉得失去你这么一位好成员而感到不安，这就是你最好的解释，最好的反击；如果此后的作业，你拖拖拉拉，小组庆幸你没有加入，你的解释再好，也没用。"

王宇俊答应得很有力。第二天，他在日记里说：做好作业，就是我对小组的回击。

和小组长的谈话

早上，课代表交来作业，说阿明、阿涛没交作业。

阿明所在的组，组长沈翔。我找来沈翔，先将他一军："你这个组长，是第一个没有以身作则的组长。"高高大大的沈翔不好意思起来。我又退了一步："前两天有点问题，今天第三天，你做得很好，要坚持这样做下去，组里的人就会对你刮目相看，才会佩服你、支持你。"

沈翔不住地点头，说："管老师，我保证好好干。"

"当初你提出让阿明到你们组，我犹豫了一下，我担心你能不能把阿明管好，多年的同学，你知道他作业习惯不好。但我依然把他交给你，这里面包含了什么？"

"信任。"沈翔接口道。

"对。我将信任送给你，同时也将责任交给你。"我拍了拍他的肩膀，"责任就在你肩上，好好干。找小组成员开个会，每天放学，相互提醒一下明天的作业，对阿明，这一个月，每天电话督促一下。祝你们下周取得好成绩。"

阿涛所在的组，组长姚昕怡。"阿涛也请你费心，习惯不是一两天能养成的，要经常督促、提醒，作业习惯变好了，对阿涛今后的学习，非常重要，你就做了一件功德无量的大好事。"

我又去找阿涛："当初，王宇俊也在你们组，主动退出的他，肯定关注着你们组的作业成绩，作业成绩好，他自然没话说；作业成绩差，他肯定在背地里笑话你们。"

阿涛想想，还真是这么回事，点了点头，却又有点疑惑，问："王宇俊这样做，又有什么好处呢？"

"人，有的时候，不是为了什么好处，而是为了一口气。你们组只有三个人，李静贤和姚昕怡，你信得过吧？只要你当日作业当日完成，第一名，非你们小组莫属。"

阿涛走后，我去找王宇俊。头一天，在合同的制约下，完成了作业。第二天，忘合同了。我拿出合同，照章办事：他补做后，抄写一遍。正在补做的他，见我来了，忙说："我还要再抄一遍。"

我没说话。他一定能从我的神态中感觉得到，管老师不会心慈手软，一切照合同办事。

放学前，王宇俊交来了补好、罚好的作业。

我说："明天再不完成，你就得……"

"补好后，抄两遍。"他应声接道。

"弹性作业"和"作业榜样"

这几次的作业有弹性。

学习第三课，我布置："回家作业，第三课练习册上的内容，能做的，做了。"

学习第四课，我布置："回家作业，第四课补充习题上的内容，能做的，做了。"

大致会有三种情况：1. 学生将能做的都做了，没教到的，只要会做的，也都做了；2. 胡乱做几题，后面的不管会不会，不做；3. 恰到好处地做到教了的地方。第三种情况很少，课外阅读题、课外资料题，与教到哪一课，没什么关系。

第二种情况居多。我也料到会这样。

课上，我讲了三种情况，采访第一种情况的耿扬，她说："这些作业反正要做的，先做掉，明天做起来就少了。"戴天仪则说："多做了，看着自己的作业成果，有胜利的感觉。"

我在黑板上写"走明天的路"，分析道：

"昨天多做了，今天就少了；今天，他们又能做明天的作业；如此循环，他们一直走在作业的前头，他们是一群生活在今天而走在明天的人。这样的人，今天的学习、明天的工作，都会昂扬向上，未雨绸缪。陈天荣、闻贡源、耿扬、朱心宜、戴天仪都是这样的人。"

我又在黑板上写"欠昨天的债"，分析道：

"一些同学听说，能做的做、不能做的不做。只想着少做点吧。事实上，没做的题，第二天还要做。第二天，他们做着昨天能完成的作业。今天欠着昨天的债，每天都在还昨天的债。这个样子，不管学习还是工作，恐怕都有问题。这几天，我也发现了好几位这样的同学，我替他们担忧。"

小学里，榜样的作用大。

上午的两节语文课，我们做了练习卷，默写了一至五单元的词语。放学前，外出比赛的闻贡源回来了，问我这一天的语文作业。

次日早上，我刚到办公室，还没坐下，闻贡源已出现在我办公室，交给我昨天的作业。原来，他早到了班级，并一直看着我的办公室。一见我来了，马上跑过来。交后，他没有走开，而是看着我批，批完后，有错的地方，马上订正。

闻贡源要补的作业，不只语文，还有数学、英语。补的同时，还要完成当天的回家作业。不，应该说，他的回家作业量，比任何一位同学都多，他的"每日素材"，不是马马虎虎地写上两三行了事，而是近两页，记录了比赛的事儿。

"昨天的练习卷内容比较多，做了一节课，没做好的回家完成。今天我发现，个别同学，没做的地方依然一片空白。"我看了那两个同学一眼，"闻贡源，两节语文课没有上，他完成一整天作业的速度，超过了你们。这对于闻贡源来说是一种光荣，而对于被他抛在后面的人来说，则是一种耻辱。就像一群运动员比赛，居然，有一个运动员，号令响后，不走，悠闲地喝着茶，做做热身运动，再跑，这个运动员，居然又奇迹般地跑到你前头去。闻贡源就是这样的创造奇迹的运动员。"

人和人相比，先天上的差距不大。差距的形成主要在后天。闻贡源为什么学习优秀？从他今天的举动里，我给大家找到了一条答案。你想优秀吗？不难。我敢开保险公司，投一赔十。

保险三条例：1. 认真完成当天的作业，绝不拖拉；因事缺下的作业，以最快的速度补好，交给老师。2. 上课铃一响以最快的速度安静下来，认真听课。3. 尽自己的努力，写好"每日素材"；以"我要发表"为目标，写好"每周一稿"。

"只要你做到这三条，你不优秀，找我!"

语文课，20 分钟的练习。20 分钟，做不完。我的规则是，15 分钟后，最快的同学做到哪里，其他同学 5 分钟后交，也做到那里，做不到的，算错。即你和第一名同学之间的差距，不要扩展到 5 分钟外，你的速度不能比第一名慢四分之一以上。

刚宣布，有人在说，闻贡源，慢点做，慢点做。

总有些人，不把希望寄托在自己的努力上，而把希望寄托在别人的懒惰和落后上。

转眼，15 分钟过去了，邹铭恒最快。离下课还有 5 分钟，我宣布了最后要做到的那道题限。有人在座位上抱怨："你个邹铭恒，谁叫你做得这么快……"

"你怎么能这样?!"我的大声，引得其他同学停下笔。我知道，有这样想法的，不只他一个，我要让所有有此想法的同学，都听清楚，"别人走得快，别人走到前面去了，你就抱怨，恨不得揍他，这是什么心态? 我们应该做的是，我要赶快跑，我要走在别人前面。把希望寄托在别人的落后、速度慢上的人，是弱者，也是懦夫。班上有这么一位走在前面的领跑人，该感到庆幸啊! ——记住，不要把希望寄托在别人的失败上，而要把希望寄托在自己的奋斗上。"

不少同学在点头，小声说"是啊，就是啊"。

借鉴与改良，速度与质量

一位老师介绍，她的作业评比，第一个交的小组，加 10 分，第二名加 9 分，第三名加 8 分，依此类推。挺有意思，我模仿。

用了一周，问题来了。为了能得高分，同学们在学校里做回家作业，做好后，放在组长那儿，交起来自然快，却也导致了要速度、不要质量的"伪劣工程"。有的小组，某个同学来晚了，就攻击他。负面效应出来后，我作了调整，只要在规定时间内交齐的，都加 10 分。

一降，成效反而好了。看来，竞争也得有度。有的时候，矫枉过正，再回一下，容易接受。上周，三个小组并列第一，满分。这周，七个小组满分，并列第一。我对学生说："我最愿意看到的情形是，全班 10 个学习小组，并列第一。"

优胜的作业小组，奖励啥？以往，奖"才运卡"，两张"才运卡"能换一张"优先刊用卡"，在《班级作文周报》上优先发表作文。"才运卡"不能发多，多了，不值钱。那么多并列第一，怎么办？

一个双休日，耿扬、邓书婷来我家玩。女儿与她们同龄，很快打成一片。来之前，耿扬在外婆家，催了妈妈一遍又一遍去接她。玩的时候，我给她们拍了照片，并答应发在我的博客上，给大家看。

周一，照片播出来，同学们看了，羡慕。我灵机一动：连续三周获第一或并列第一的小组，邀请到我家玩。反响果然强烈。我相信，这个刺激是温暖的，美好的。这个刺激也是个美丽的约会。我能从中得到教师工作的美好回忆，也能从中了解到很多新的教育信息。

有一个人远离，王宇俊。上次作业小组重组，他纳入了新小组。才一周，小组成员就满是意见。他也觉得管不了自己，愿意和我继续签合同。合同下，他的作业倒真的不拖拉了。我对他说，三周认真完成作业，没有拖拉，也可以受邀来我家。

作业竞赛，主要看"及时"和"正确"，导致了作业图快，字迹潦草。我和学生一起学习"小学生作业规则要求"：1. 同一个本子要用同一个颜色的笔书写；2. 左右各空一厘米；3. 每个题目的序号写在一厘米线里；4. 字的大小为格子的三分之二或四分之三。

"这些要求是教育局对全市小学生的要求，而不是管老师自个儿想出来的。"强调这点，可以消解学生对老师的"严"的抱怨。

中午，瞿伟琪陪陈天荣来交作业。陈天荣的记分表没有画，回教室去了。我和瞿伟琪小谈一会："今天有没有老师表扬你？"

"没有啊。"

"我表扬你，你的单元测验不错，属上游。"瞿伟琪笑了，白静的脸上露出两个小酒窝，"还要表扬，前两次的字迹干净了。"

等他笑过了，继续："这几天，又退步了，退回了老地方。"

他的笑容僵在那里，渐而收起了笑，专心地听。

"昨天的《扬子晚报》说，教师批阅试卷，很难做到客观公正的，特别是语文。批阅者会受心情、受学生的书写等因素的影响。"我说，"以前，我做过一个实验，一篇学生作文，由两位学生誊写，一个干净、清楚，一个马虎、潦草，送到几位老师那儿去批。结果，你猜，相差多少分？"

"10 分。"

"28 分！"我说，"为什么会相差这么大？老师也是人，也受影响。一般来说，老师会这样想，字迹干净、整洁的同学，学习总不会差。字迹潦草、马虎的，一定不怎么样。"

"对。我妈也是这么说的。"陈天荣回来了，附和着。

"字写美，那要水平；写干净，人人做得到，不就多花几分钟嘛。你以为快一点写，能快出多少时间？习惯干净、整洁了，速度并不慢，你以为闻贡源、耿扬、朱心宜的写字速度比你慢？闻贡源一直第一个完成作业，是不是？"

男生若能够安静地写好字，写干净，作用不止在字，还将会获得一颗安静的心。一颗安静的心，对学习，太重要了。

作业态度与人生态度

课前，我都要求学生预习。读课文，预习的重要内容。读给家长听，家长签字。一些同学不把"读"当作业，不是忘了读，就是忘了签字。只好读给小组同学听，小组为了不扣分，听得马虎，一签了事；有的小组，听都没听，签了。

我请戴岑容专门负责此事，谁忘了读，按顺序，读给她听。人多，来不及，到交作业的时间，没读上，只能扣分。

"及时做作业，及时交作业，及时订正作业，三个'及时'是学习成绩、学习效率的重要保障。"我对大家说，"三个'及时'做得如何，只要看一些小事，有的同学，写错了一个笔画，就在笔画上涂改，涂得又粗又丑，作业习惯肯定不好，他的'及时'，只为早点交差。一些同学做作业，只管写，一厘米的边线总忘画，记分格也可有可无，这些都能看出，作业习惯不好，作业心态不好，急急忙忙、心急火燎，做出来的质量会怎样？错了之后，订正质量又会怎样？"

"好习惯的养成，常随着一阵阵的痛。好习惯的养成，常有一次次的失败与回落。前三周，我们创造了七个小组并列第一的好成绩，现在一个并列第一也没有，这就是回落。这正常，但也要尽快回升。本周增加了两个考察点：1. 记分格；2. 厘米边线。难度加大，是个挑战。挑战成功，你就上了一步。"

我又对各小组长说："第一，要尽好职责，管好本组作业，每次作业都要统计，有缺漏，马上通知他。第二，你尽了组长的义务，才有权利来管理大家。小组获得的'才运卡'，你要用好它。这对你来说，是一次很好的锻炼机会。这一阶段，孙在君、闻贡源、邓书婷和朱冰清小组，以及陈天荣、陈帅志、耿扬和李静贤小组的情况最好，向他们小组的组员和组长致敬！"

我请个别同学参观了杨秋凡、闻贡源、蔡张胤、陈天荣、朱心宜、戴天仪、朱冰清、戴岑容、李静贤、耿扬和周乐鸣的作业本。他们的作业本，从第一页起，每一个字都那么工整、干净，每一页的作业都显示着小主人认真的作业态度。看到这些干净、整洁的作业，你就能想到一个个认真作业的身影。

这些同学的成绩都很不错。日复一日，年复一年，"认真作业"练出了优良的学习品质，这些品质，那些只知道把作业做了、交给老师的同学，是没有的。两者之间的差异，根本也在这里。

回到作业小组去

王宇俊的回家作业没有做。按作业合同，他不仅要补做，还要罚做五遍。下午，他没做好，留下来。我问他抄几遍了。他说三遍多。我动了恻隐之心。他说："不用！"

"王宇俊，你很有点骨气。"我知道他的犟脾气，也正要杀杀他那不管不顾的犟脾气，"只是，这骨气最好用在完成作业上，使合同没有生效的机会，这才是真正的男子汉骨气。"

那么多的作业没完成，按合同办事，他根本忙不过来，除非孙悟空赶来，拔汗毛，变出几个王宇俊来。孙大圣多忙，十方世界那么大，这点小事，不会来管，事还得自己解决。王宇俊不愿参加作业小组，誓死不受小组成员的气。脾气归脾气、个性归个性，说到作业习惯，他也确实有问题。

王宇俊说组里的人怎么怎么不好，怎么怎么烦他。

"你的作业习惯不好，进入小组，常给小组扣分，当然要烦，不烦，你怎么能注意呢？不注意，怎么能提高小组的得分和名次呢？"我分析给他听，"没有了小组成员的烦，老师不可能每天都来盯着你的课堂作业、回家作业、订正作业，表面看来，你舒服了，舒服的背后，就是今天这样的后果。"

我请他再想想，是否回到小组去。我可以做小组成员的工作，前提是他真心想去。我说："有人花时间监督你，提醒你，实际上是一种帮助，尽管这种帮助在你看来，不舒服，可人往往是在不舒服的情况下进步的。小时候刷牙洗脸，总觉得麻烦，不舒服，爸爸妈妈强制着，正是爸爸妈妈的强制，你才养成了这个好习惯。什么是善意的，什么是不好的？一个区分的标志，就是是否有利于你的提高和发展。"

我分析了作业小组对他的好处："有三个人免费做你的作业监督员，监督你及时作业、认真作业，监督你养成作业好习惯，他们不把时间花在玩上、学习上，花在监督你、帮助你上，多好。三个人，这个人有事，那个人没事，多好的小组优势。当初你没有认识到好处，现在吃了亏，还不回头，那叫糊涂！"

"我这样回去，没面子的，会被他们瞧不起的。"王宇俊心动了，也担心了。

"你的想法，说明你有尊严。活着要有尊严。但是，这个尊严不是靠逃避来实现的。面对现实才会有真正的尊严。你一个人单干，一个人交作业，是失败的，没有效果的。逃避失败的人，将面临更大的失败；勇敢面对失败的人，才是真正的男子汉。"

我和他讲故事，21 岁生意失败；22 岁角逐议员落选；23 岁生意再度失败；26 岁爱侣去世；27 岁精神崩溃；34 岁角逐联邦众议员落选；36 岁角逐联邦众议员再度落选；47 岁提名副总统落选；49 岁角逐联邦众议员三度落选。这个人叫林肯，美国第十六任总统。

英国有个叫约翰·克莱斯的作家，被退稿 753 次，但最后他出了 564 部小说；曾被骂为"头脑迂腐，毫无创意"的沃特·迪斯尼，被羞辱，被报社炒鱿鱼，却正是他，创作出了全世界熟知的米老鼠、唐老鸭，创立了大人小孩的梦想王国"迪斯尼乐园"；爱迪生研制灯泡做了 2000 多次实验才成功，直到今天，人类的黑暗仍然由爱迪生发明的灯泡驱散。

他终于点头答应，回到小组去。

承认自己的不足，承认走错了路，回到正确的方向、正确的道路上来，这比面子更重要。

当初，姚昕怡说，王宇俊自动离开小组，她内心有点喜悦。现在他回去，她会不会有抵触情绪？好在，三人都很通情达理。

巧了，阿明找我，他也受不了一些组员的气话，要单干。我请王宇俊当说客，一箭双雕。

记分格，作业的一部分

"每日素材"的主题定为"量量我的记分格"。

不少同学的记分格，不规范。眼睛一扫，这条边长了，那条宽短了；这边高了，那边矮了；对角线没对起来，长方形的记分格，成了正方形……

记分格画得干净、到位，学习习惯总比较好，总比较踏实；记分格一塌糊涂，学习总脱不了毛糙的病。我要求每个同学量自己的记分格，每天量三五个，记下来，一周后，对此反思，小小记分格里蕴藏着什么？

请看史浩宇的《记分格里的大智慧》：

开学初，管老师抓记分格。不就几个记分格嘛，值得如此重视？我倒要瞧一瞧这小小记分格里有什么奇特之处。

量了量开学初的记分格，别看它们的长度、宽度都比较正确，其实都是经过多次修改后的。从记分格周围密密麻麻的线条的印记中，可以看出这些记分格在修改之前和修改过程中各种形状都出现过。比如长4.8厘米，宽2厘米的"大肥猪"和长4.3厘米，宽1.2厘米的"火柴棒"。我想起了管老师让我修改记分格时的"悲惨"情景："哎呀！这个记分格你怎么总是画得不像样呢？重新画去！"我也上上下下来回了好几遍，忙活了好一阵子，累得灰头土脸。要怪，也只能怪自己太马虎了，总想着早点画完了事。

我的记分格，不是短斤缺两，就是画蛇添足；不是这里缺一点，就是那里没封口。主要病根都在于，特别想和同学一起玩，脑子里到处都想着"哎呀，不就是画个记分格嘛，还需要这么认真干吗？早点解决可以早点玩啊，随它去吧"。抱着这种心态，还能认真画好记分格吗？连记分格都画不好，还能做出什么大事来呢？

量记分格，让我明白了，做任何事情都不能马虎，一心只想着放松，怀着"随它去吧"这种心态做事，哪怕是一件小事也做不好。

庄陆凌说："管老师特别注意身边的小事，什么记分格、画竖线等等。这些天，量自己的记分格，可分为四种类型，越看越怪。哪四类？'霍金'型、'恐怖'型、'生气'型、'搞笑'型。"最后他得出结论：每一件事都要用做好的心态去对待，能做好小事的人，将来必定有好的成就，因为，凡是做大事的人，都是从小事做起的。

这几天，同学们记分格的角直了，线挺了，精神了，美观了。记分格事小，却正像史浩宇说的"小小记分格里有大智慧"。

作业和考试成绩联姻法

作业竞赛，起初，小组长很负责，时间长了，新鲜感消失了，不起劲了。

我有个习惯，早上一到校，就批作业。错的，马上发回，订正时间可以充分些。

总有几个同学的作业本没交，不是忘家里，就是忘交了。怎么办？想不出办法来，找同学商量。

有人说，罚做值日。

有人说，罚抄课文。

有人说，通知家长。

小学里，你和学生商量，谋划，不一定能谋出好点子，但你和学生一商量，学生就是你的助手；不商量，你单独制定，学生就可能成为你的对手。

分，分，分，学生的命根。每个单元的作业情况，计入每个单元的考试中，一个很不错的法子。我透露给来商量的同学，他们都说好。

做了本"作业日查日清簿"，一位语文小助手负责每天的作业统计。当天没交的，做两项处理：1. 一次作业本没交，扣1分，一单元一累计，扣在单元考试里；2. 用"家校路路通"发信息给家长。如，尊敬的××同学的家长，经统计，××同学的"每日素材"本没交，很遗憾，没做到"当日作业当日完成"，扣作业分1分。希望明天早上，能主动交给老师，以免再次扣分。

QQ、微信、手机拍照的普及，当天晚上作业拍成照片，发给老师的，哪怕还有点错，也算完成。一般地，父母帮孩子拍作业照片，总会看上一两眼，说上一两句，教育、教训已经有了。

作业不及时完成，看起来事小，却正是这个小事，酿成了大事：每一个成绩不理想的学生，都是作业拖拉的；每一个成绩优秀的学生，都是作业日日清的。

单元考试，有的扣了1分作业分，多的扣了3分。我都在卷上写："扣3分，作业拖拉分。"

一个人总有忘的时候，要给个余地。发"作业券"，忘了带作业本的，1张"作业券"抵消1次。一个月发几张"作业券"？我们按单元计，一个单元发2张。"作业券"用不掉的，1张加1分，2张加2分，记入单元考试。

作业上的扣分、加分，计入考试，行得通吗？行得通，那不就是平时成绩吗？每个单元的平时成绩，加单元测试成绩，等于本单元的最后成绩。

"作业加分券"还在用。只是不发了，每个人来挣。一个单元有三四篇课文。预习课文：一要快读课文，每分钟不少于350字；二要自己抄写、默写词语。检测预习，快读过关，词语默写全对，获"作业加分券"一张，大部分同学一个单元都能挣两三张。

"作业加分券"，很刺激，很实效，用到了现在。

暑假和免做作业券

暑假，《班级作文周报》照常出版。周日，学生写好作文，发邮件，投稿。前三名投稿的，优先录用；最长的三篇，优先录用。

发表了作文，有什么好处？

四年级，暑假里，每发表一篇作文，得一张"优先刊用卡"，五年级用。五年级，暑假里，每发表一篇作文，得一张"免做作业券"。一张"免做作业券"，能免做一次语文作业，六年级用。

大家一阵欢呼。

"能不能免写作文？"张承脉过来问。

"可以。"见张承脉乐开了花，我补了一句，"少写一篇作文，少一次发表机会。到时候，怕换不到'作文免考'权啰。"

"对啊，"张承脉一拍自己的脑袋，"我怎么没想到这一点呢？"

暑假两个月，相当于半个学期，作文认真写了，也不怕开学少写几次；别的作业，更是。

优秀的学生，免做了，他也不舍得，不放心，会去看作业题。不优秀的呢，免做作业券，最多拿个两三张。两三次的发表、两三张的"免做作业券"，吊起他一个暑假的作文胃口，值。

寒暑假，"作业拖拉王"们会旧病复发。要给"拖拉王"们的家长发短信：

尊敬的家长，寒暑假最能看出，也最能考验一个孩子的生活习惯、学习习惯。不少孩子在学校里的习惯还可以，到了假期，好习惯一下子被坏习惯所替代，作息没有规律了，作业没有规律了，字迹潦草了，游戏也没有个适可而止的"度"了，一学期培养出的好习惯，一个假期全报废了。孩子始终在"好习惯（学期）—坏习惯（假期）—好习惯（学期）—坏习惯（假期）"里打转转。真诚地期待您，关注孩子的暑假作息习惯、玩乐习惯和作业习惯。

短信，一次还不够。两三个星期发一次。好在"家校路路通"有定时发送功能，五分钟可以搞定两个月。

扳手指头都知道，哪个学生，暑假一来，一学期的作业提醒，全成了泡影，9月1日开学，作业习惯打回了原始。他的家长，做不到经常提醒；若能做到，孩子也不会有此烂习惯。

怎么办？让学生将作业拍成照片传你的QQ。

QQ上看了，随手回"好""不错"。哪天高兴，回"你的习惯越来越好，老师为你自豪"，"我看到了不一样的你"；哪天不高兴，一个字也不要写，找一个"拇指"，点一下，发过去，得了。

真心感谢这个伟大的时代。

手记二：一线"纪律学"

一线教师第一要紧的本领，管得住班级纪律。高密度的教室，高要求的任务，高竞争的考试，小学生有意注意短，自制能力弱，要取得好的教学效果，纪律第一。一位数学教师，基本功好，为人也好，爱读书，写东西也不错，教学质量却叫人担忧，他管不住纪律。一位音乐老师，歌唱得好，琴弹得溜，教研课也上得好——教研课有听课老师，学生纪律自然好。平日带班，学生吵得无法上课，只好到教导处、德育处掉眼泪。管不住纪律，问题上交，会使学生更小瞧你，更认为你没本事，下一次更"皮"，更捣蛋。

每个任课老师都要抓住、抓好班级纪律，这不只是班主任的事。班主任有经验，将纪律作为班级管理的一项重点内容，学生的纪律性会强很多，任课老师会顺很多。也有的班级，班主任的课上，纪律好；其他课上，纪律不好。这，不只要和班主任沟通，更要自个儿想办法。

学生不守纪律该怪谁

某节课上至少发生了以下事件：1. 孙在君没有带书，不打招呼，拿同桌的书来用，同桌很生气，两人吵了起来。2. 女生说喜欢某位男明星，男生偏说这男明星是垃圾，起初，嘴上斗，后来索性将骂人的话写到了黑板上。3. 教室里有电视机，打开，正是偶像剧，女生要看，男生偏不看，关了，吵起架来。

我发现，"缺席"了任课老师。一个令人担忧的"缺席"。那老师不把抓班级纪律，看做课堂教学的一部分。这种现象，在音、体、美、科学、信息、综合实践等学科的老师身上，尤为突出。

一些音体美老师说，学生纪律这么差，课越上越没劲。

怪谁？

一位计算机老师的课上，学生的纪律很不错。每次带学生去微机房，她都要求学生整好队伍，一路有序，到机房口，再次整队，安静入房。正是平时的点滴——排队的纪律、走路的纪律——抓住了，课上，学生的纪律也好起来，教学也很顺手。教得顺手，学生学到了东西，也就乐意学，良性循环。

我也常看到，一些老师带学生去专用教室，稀稀拉拉、松松垮垮、吵吵闹闹，那老师充耳不闻、闻而不管。到了教室，学生静不下来，那老师直抱怨纪律差。平时点滴不抓，课上喊破了喉咙，往往也白搭。况且，课上管纪律，教学氛围必然破坏，教学效果必然打折。

管纪律，要将平时的点滴抓在手里。

吵闹的早上安静下来了

七点多，学生陆续到校，教室里渐次热闹起来。

我拿出一个硬币，朝走廊扔去。扔第二个，有学生喊："管大，你疯了。"

"我没疯。"要的就是学生的理会，"不就一块钱吗？"

"一块钱也是钱啊。"陈天荣叫了起来。

"哦，零钱也是钱。"我装出恍然大悟的样子，"那零碎时间也是时间吧？"

"当然是。"

"早上到现在，早到的，有 20 分钟；晚到的，也有 5 分钟、8 分钟，这些零碎时间，你像零钱一样扔掉了呢？"

前排的同学已经帮我找回了那扔掉的硬币，我也请学生"找"回自己的零碎时间。这一招，有效了几天，又回到了原样。

什么原因？

学校有规定，值日生要翻起椅子，次日，学生到教室翻下椅子。早到的，只翻下自己的，那么多竖起的椅子，那么多人还没来，一点学习氛围也没有，早着呢，玩吧。同学一个个来，椅子一把把翻下。靠背椅，除了屁股底下是木板，其余都是铁的；桌子，除了面，也都是铁的。磕磕碰碰难免，丁丁当当不断，自然静不下心来。

于是，我和先到的学生一起，翻下所有的椅子，一个静静的、学习的教室出现了。同学们一个个来，没有丁当的声响，先到的，安静、安心地看书。有了好头，后到的，自然也不错。

此后，我要求，先到校的，为大家服务，翻下椅子。

一波刚平，一波又起。

早上，学生到后就交作业。学生陆陆续续地来，作业陆陆续续地交，一直到晨会课前。

交作业，来回走动，拍一下小伙伴，聊上一两句，个别捣蛋鬼，装机器人，扮僵尸跳，教室又闹起来。早上的零碎时间，经不起折腾呀。

怎么办？设新规矩。

早上到班级，拿出回家作业本，搁桌上，不交。八点，人齐了，统一交，3分钟内，交完各科作业，5分钟内，课代表交老师。全班同学一起交，走道拥挤，嘈杂不已。怎么办？分批交，先一、三组交，再二、四组交。一、三组交，二、四组背古诗；反之，亦是。

如此一来，用好了零碎时间，培养了效率感，学生到齐后交，也便于组长查阅。以往，组长一到教室，见桌上丢满作业本，也心烦。小组长相当于学校的教研组长，"官"小，作用不小，他们静不下来，班级肯定乱。

班级布置要副对联，班主任请我帮忙。我写了十个字："心静好读书，意守成学问。"嗯，找个时间，好好解释一番。

培养自己的管理人员

一日之计在于晨。每天的学习基调由晨读的状态奠定。

一个班级几十个人，今天甲第一个来，明天乙第一个来，老师也是普通人，要煮饭，要洗衣，要带孩子要拖地，不太可能天天老早去班级。老师不在，吵闹不说，万一出点安全上的事呢。同学管理吧，也难。每天第一个来的，不确定。

找来语文课代表商量：你们早点到，带大家安静阅读，就一周，五天。
她们答应了。

我制订了一本"早读管理手册"，三个内容：记录表现好的，纪律表现不好的，班级整体得分情况。课代表有管理的经验，又有我撑腰，如实记录了情况。每天8点，我会到班级，课代表宣布早上的情况，表扬好的，批评不好的，宣布今天的情况属于优秀、合格还是不合格。

一个星期后，"早读管理手册"的记载，不再由课代表负责，由班上第一位到校的同学负责。三次第一位到校，并做好记载的，奖励一颗糖果、一本作业本之类的。

我的书，远远近近地，都在重印。重印了，出版社总会送几本样书。这些书，作为抽奖的奖品，奖给第一位到校的同学。一个月抽奖一次，奖出2本。得到老师的签名书，还是很荣耀的。

有同学哭丧着向我反映："管大，我第一个到校的，到学校，校门还没有开。开校门前，邹铭恒才到，可他跑得快，先到班级，抢走了记载手册。"

我摸摸他的头，给了他一颗糖果。

班主任要培养班级的小干部。我们任课老师，也要用自己的方式，培养属于自己的管理人员。

"慢乱差"到"快静齐"

一个学校的常规管理好不好，看学生到食堂、专用教室的整队与走路。一个班级，也是。

一个人的气质在举手投足间。一个班级的气质，在集体行动的举手投足间。队伍整好了，路走好了，课堂纪律差不到哪里。带学生去专用教室，队伍排了5分钟，不齐，干脆不排了，随它去。歪歪扭扭，吵吵闹闹，有气无力，蛇一样爬，能猜到那课上的嘈杂。

中午，我等学生整好队。一分钟过去了，两分钟过去了，三分钟过去了，走廊里的女生歪歪扭扭，男生扭扭歪歪，左边的与右边的吵，前面的和后面的闹，纪律委员吴新伊喊了一遍又一遍，全当耳边风。我生气："回教室！"

"大家不想排队，不想快点去食堂吃饭，那先订正作业吧。"做了三分钟的作业，已有不少同学完成了要订正的作业。

"三分钟能做好一件事，刚才走廊上何止浪费了三分钟？"我下狠命令，"整队，一分钟整不好，回教室，再整！"

40秒，队伍排好了。我说："人心齐，泰山移，只要齐心，三分钟、五分钟的事情，半分钟就能做好。以后，整队时间就以40秒为目标，达到的表扬，达不到的，重来。"

量化，数据化，科学管理的重要表现。

一次，一些同学为早点去吃饭，争抢着跑起来。跑，不整齐，也不安全。到楼下，我要跑的同学回楼上，重走一次。

常规管理，每个老师都得介入，不介入，你没有威信。信，靠学识与人格；威，靠严而有格的管理。每个老师都是知识的传授者，也是常规的管理者。遗憾的是，越来越多的老师，将后一点给丢了。

我对学生说，整队快，不看第一个同学，而看最后一个同学，这就是美国管理专家彼得的"水桶效应"。

一只水桶想盛满水，必须每块木板都平齐无损。有一块不齐，或某一块有破洞，就无法盛满水。也就是说，一只水桶能盛多少水，并不取决于最长的那块木板，而是取决于最短的那块木板。一个水桶无论有多高，它盛水的高度，取决于最低的那块木板，取决于某块板上的破洞的位置。

一个班级就是一个水桶，每个同学都是其中的一块板。同学总有长短。从教室里出来，总有快慢，有的靠门，近；有的坐里面，远。我们能做的，必须要做的，是克服主观上造成的"短"，别人已经站好了，你还在理课桌，书包可以回来再整呀；别人安静地等待出发，你还在大声说笑，这些可以克服，应该克服，必须克服。

主观上造成的"短板"或"板上的漏洞"，要消灭掉。怎样消灭？

1. "短板"要注意到自己的"短"，努力克服自己的"短"。

2. 同一个"桶"上的"板"，相互提醒。你的提醒，看似帮别人，也是帮自己。快点排好队，不只节约他的时间，也节省自己的。

集体生活，最要规则、规矩。实在没规矩的，要请出队伍。这个权力，我下放给纪律委员。一、支持纪律委员，立其威信；二、给纪律委员以责任感，整好队，你的事。

帮别人就是帮自己

一天中午，纪律委员带大家去食堂了。教室里，四五位没走，在做作业。我对纪律委员说，以后要带上所有的同学，再走。

"有几个就是不肯一起走，怎么办？"

"那也得等。"我的语气毋庸置疑，"这就是集体。集体，通俗地讲：有福同享，有难同当。再俗点讲：系在一根绳上的蚂蚱。不这样，就不是集体，而是同乘一辆车的乘客，下了车各奔东西的陌生人。"

食堂吃好饭，一些同学问，能不能先回教室。我说，整好队一起走，我最愿意看到的景象，一起去吃饭，一起回教室，或一起去操场。这就是集体，真正的集体是在共同约定、共同遵守的规则、纪律下诞生的。没有共同约定和共同遵守的规则的集体，还是集体吗？前不久学《生命的林子》，一个人的成才离不开集体，集体的竞争能激活、释放自己的潜能。我补充了一点，集体还能相互学习，取长补短，相互温暖和照亮。当然，这个集体要是散的，各管各的，那就没有。

一次，我正要备课，听到有老师吼。出去一看，上课铃响了5分钟，还在门口排队呢，矮个的王宇俊，排到了最后一个；高个的瞿伟琪，站到了第一位。其他人都侧身往前探，看前面有什么花样。我协助老师一起整队，维持纪律，不齐的人，一个个拉齐了，在两个老师的组织、管理下，大家安静地进了专用教室。

这样做，倒不全是为着帮那老师。

学生见我连别的课都那么注意纪律，到我的课，能不管住自己的嘴巴、收住自己的心吗？帮别人就是帮自己。班主任的课堂纪律，一般都很不错，奥秘也正在此。

课堂，有节制的笑

《林冲棒打洪教头》，文白相间，"发配""厚待""八十万禁军教头""庄客""权且"等，都不好懂。讲到"厚待"，我请同学联系上文思考。

"柴进叫庄客杀鸡宰羊。"沈翔反应快，一下子联系上了。大概不过瘾，他又顺口道："杀鸡宰人。"一群男生狂笑起来。

文中的"东京"，联想到日本的"东京"，正常。然而只要稍想，此"东京"非彼"东京"也。却有几个人喊"日本东京日本东京"，一伙人转来转去，嘻嘻哈哈。

"柴进连忙请两个差人开了枷"，误把"柴进"读成"林冲"，一些人大笑个不停。读错，常有的事；笑，也正常，却要有度。啃手指甲的陈天荣见众人笑，不明其故，忙问。庄陆凌见我注意了，没说。前座的徐泽辰知陈天荣有"难"，转过去告诉他。陈天荣没听清楚，大声问他："怎么回事啊？"

好个徐泽辰，再次转过去应答。

课上不遵守纪律，我一般不当场处理，这，会消耗宝贵的课堂时间，也会降低教学效率。午间，我和大家分析了上面的场景："为学不外'静敬'二字，教人先去'骄惰'二字。"不"静"，怎么思考，怎么获得？不"敬"，怎么能肃然？

"课堂可以有笑声，应该有笑声，但，这笑声跟取笑无关，跟嬉笑无关。课堂上的笑，是会心的笑，节制的笑，不是没完没了的笑，一堂课笑到底的笑。"我严肃道，"课堂上，你忙着呢，听到自己没想到的，在书上一记，这就集中了他人的智慧，怎么不触类旁通、出类拔萃呢？"

班级授课制的优势，就在这里。只顾着笑，笑完拉倒，班级授课制的劣势，也在这里。

做"红牌"与"黄牌"

王剑鑫，六年级的学生，三年级的个儿，皮到什么程度呢？请看：

•王剑鑫一坐下来便不停地说脏话："操你妈，比我大三万倍……"这些脏话足以令人将吃过的所有东西，三分钟内吐得一干二净。我就坐在一旁"享受"这种地狱般的折磨。闻贡源受不了了，和王剑鑫对骂起来。他哪是王剑鑫的对手，他说三句，王剑鑫说五句，光速度上就慢了两句，何况王剑鑫骂人经验老到，没几分钟，闻贡源便败下阵来。

• 王剑鑫，一个学校的纪律取决于每一个班级，而一个班级的纪律取决于每一个同学。你是否应该反思一下自己的纪律？旁观者清，我告诉你吧。语文课上，"喔哈哈喔哈哈"的怪笑啊，细而尖，像个妖精。数学课上，哪个能发出"稀里哗啦"的拳击声？戴着那手套，在那儿挥来挥去，臭美！英语课上，还那么活跃。用十根纤细手指，不停地敲打课桌，"丁丁当当"的。种种迹象表明，你得了"多动症"！

锣对锣、鼓对鼓，和王剑鑫谈："你的纪律问题，你的脏话问题，不是老师提出来的，而是同学提出来的，大家对你意见不小，这比老师提出来更严重！"

集体朗读，王剑鑫故意逼尖声音；同学思考问题、回答问题，他做鬼脸，逗旁边的、后面的同学，别人不理他，就三番五次转过去和王宇俊打暗号。

只要有一点点意外发生，王剑鑫就"喔哈哈喔哈哈"地怪笑。一次，闻贡源的铅笔盒掉地上，谁没掉过铅笔盒，本没什么事，他"喔哈哈喔哈哈"，怪笑连连。全班爆笑，笑他的"笑"。

课本剧，有同学表演不到位，正常。一个班，不可能人人有表演天赋。王剑鑫不时怪笑，全班笑翻，笑乱。我找他，道理也讲了，小子倒好，一声不吭，不像坦白从宽，倒像抗拒从容。

不"喔哈哈喔哈哈"了，王剑鑫又迷上"得尔得尔"地驴叫，下课叫，上课叫，吃饭叫，叫得同桌说："他一整天地'得——'，弄得我头昏脑涨，美术课上，他是加倍地'得'，石老师都说他再这样下去，要有精神上的问题了。"

叫得后面的同学说："这声音写出来挺有意思，其实难听得无法形容，无法忍受。越听越烦躁，越听越想说：'王剑鑫，掌嘴！'"

附近的史浩宇干脆来个正面攻击："你是驴，娶个老婆是马，生个女儿是骡。"

附近的邹铭恒说："他上课'得'，下课'得'，打球'得'，做操'得'，'得'个没完没了！"

他真的"得尔"上瘾，居然，嘿，语文课上也"得尔"起来。

"课堂上，干扰大家学习，发黄牌和红牌，再不收敛，请出课堂。"我找来王剑鑫，"这次你表现不好，请将功补过：帮我做三张红牌，三张黄牌，名片纸大小，宽，5.5厘米，长，9厘米，红牌是红颜色的，黄牌是黄颜色的。下周一交。"

罚他做，醉翁之意不在酒。他做红牌、黄牌，对红牌、黄牌印象深，从而筑起一道心理防线。

平时，我将黄牌、红牌夹书里，当书签；课前，黄牌、红牌拿出来，第一排的王剑鑫见了，条件反射般，立马挺直腰，坐端正。

预备铃：无用到有用

预备铃响后，班级应处于"半安静"状态，有声音——准备文具、拿书、放书、彼此提醒的声音。做到这一点的班级，必有战斗力。抓好了预备铃，课堂纪律就有了保障，教学质量也有了保障。

那可不容易。

开学初，我花了一节课，带大家学习全国各地的学校的课堂纪律。如浙江某校的：

第一条　课前要准备好学习用品，书本、笔记、文具盒一律放在课桌的左上角。课桌上的学习用品摆放整齐。

第二条　上课铃响后，立即有秩序地进入教室安静坐好。

第五条　上课坐姿要端正，专心听讲，作好笔记，积极思考，发言要大胆，小组合作要积极，不随便讲话、接话，不做小动作，不看与课本无关的书籍，爱护书本文具，注意节约使用。

第八条　老师宣布下课时，师生互相喊"再见"，教师走出教室后，学生按顺序走出教室。

如北京某校的：

第一条　预备铃响必须立即进入教室，准备好所需用品，放在讲桌的左上角，脱帽端坐，等待教师上课。

第四条　上课时必须专心听讲，认真思考，积极大胆回答问题，并能积极主动提出自己的看法、见解，有合作学习的意识和精神。同时，课堂进行中不得私下说一些与课堂无关的话，看课外书或做其他作业。

第九条　下课时必须做好再见仪式，老师说"准备下课"，学生马上收拾课本及用品，喊"下课"时全体起立，说"老师再见"，目送老师离去，老师离开后方可下座位自由活动，但不许在教室内打闹或大声呼喊。

"上学期，我没有讲明、讲清，语文课预备铃响后，大家应进入怎样的状态，那是我的过。"自我批评后，我提出要求，"今天，开学第一天，我讲了，你执行不好，那是你的过失。——这些，不是我想出来的，而是全中国的学校都有的要求，全中国的学生都要遵守的要求。大家都希望咱们班成为优秀的班，希望自己成为优秀的自己吧？"

"想！"

"那就从全中国小学生都要求做到的做起。这些都做不到，怎么谈优秀？"

教育哪有这么简单，哪有说一下就能成的？

踏着预备铃声来到教室，一片喧哗。陈天荣和瞿伟琪追来闹去，孙在君和王宇俊挤眉弄眼。只有老师到了，才是铃响了。老师等于铃声。

"你们看看，教室成了什么啦！"我找到他们，说起自己的见闻。给小学生讲道理，道理要藏在故事里。

"一次，红灯了，前面几辆自行车，照骑不误，后面的自行车，也跟着走。前天，十字路口，红灯，两个骑自行车的中学生，静静地等，等红灯变绿灯。旁边的人也静静地等。那两个中学生，要是不管红灯、绿灯，后面的人也会跟着走。"

"两辆完全相同的汽车，放在完全相同的环境里。一辆车的引擎盖、车窗都是打开的，另一辆则都是关上的。打开的那辆车，3天内就被人破坏得面目全非，而另一辆则完好无损。实验人员在打开的那辆车的窗户上，打了个洞，只一天工夫，车上所有的窗户都被人打破，里面的东西也全丢失了。为什么？完美的东西，大家都会不由自主地维护它，舍不得破坏；而对于残缺的东西，大家会去加大其损坏程度。""班级里安静，大家都会去保护、维护安静。一旦有人破坏了安静，不消一分钟，班级就吵得不成样。尽管后来很多人都参与了吵闹，罪魁祸首却是最初的那几个人。"四个家伙露出了惭愧之色。王宇俊呢，还露出了点钦佩之色，他可能在想，管老师脑子里的小故事，还真多。

下午第一节课，我进班级，预备铃声里，大家安静，坐得端正。为此，我写了博文：

这次，我没有像往常一样早早地进教室，而是在教室外等，预备铃响后，有同学发现我在外面等，喊"安静"，有的手指放唇边，发出"嘘嘘"声。到正式铃声响时，教室里很安静，因为安静，每个人都做得很端正。这样的班级形象，老师看着开心，教学也起劲；这样的班级形象，有正气，亮堂堂的。

我高兴，也不无担忧。

我担忧，做一次，谁都能做到，每一个班级都能做到。做一次，是没什么效果的，这就像跑步锻炼身体，早晨或者傍晚去跑一次，谁都能做到，要每天坚持跑，却不是每个人都能做到的。跑一次，对身体的强壮没有什么效果，说不定，还因此腰酸胳膊疼的。只有坚持跑上半年，一年，你才能发觉，身体强壮了，体力增强了，感冒也少了。

我担忧，咱班是否想坚持下去？问"是否想坚持下去"，是问大家是否想过要坚持下去，是否想过要以"坚持下去"来建设班级新貌。有了这一问，才有第二问，即"能否坚持下去"。照目前的情形来看，似乎很少有同学想过。谁都知道早晨坚持跑步对身体有益，可就是不去跑，睡在被窝里多暖和，寒风里吹，又不能睡懒觉，干嘛呢？要想获得锻炼的好处，必须克服"安逸"的诱惑，必须克服刚开始跑的"酸"和"疼"的困难。谁都知道安静的、有纪律的课堂学习对学习有益，可就是不想安静，想说就说，想转过去就转过去，这多"自由"啊，结果，学习效率低，挨批评多。一个有着优秀的学习纪律的班级，谁都欢喜，谁都表扬，学习效率又高，多好的事哪，你想享受这些好处，你就必须要付出——天下没有免费的午餐，你要控制自己，每个人都控制了自己，那就不得了，能收获大成效。

目前有些人控制不了自己。就像李静贤在回复中说的，她父母认为，咱班有很多优秀的同学，同时也有不少学习习惯、课堂习惯不好的同学。真是这样。这些同学管不住自己，至少目前来说，需要老师来管，需要大家来管，需要大家营造好氛围，就像今天，有好多同学站出来喊"嘘"。一个人站出来，不够，所有的班干部都应该站出来，这才叫班干部。

中午，我路过，教室里乱哄哄的。这正印证了我的猜疑。如果不是石老师在场，我一定会比较强硬地干涉。

我不是要1次，我要100次。下午的课，我依然没早进教室，在教室外等，大家也做得不错，但我要说，我要的不是2次！

从预备铃到上课铃

"从预备铃到上课铃：他（她）在干什么？"本周"每日素材"的主题。

大家都来关注，一分钟里发生了什么。只有认清自己、认清班级，才能改变自己、改变班级。每天，我整理大家的信息，及时交流：

• 陈小青，预备铃响了，还在起劲地讲金什么勋。

• 邹铭恒，正式铃响了，不知道遇到了什么不爽的事，大喝："毛病啊！"

• 孙在君和陈一言，屁股顶着屁股，扭。

• 徐泽辰，怪笑得脸都挤成一团了。

• 瞿伟琪，预备铃响，人影都没有呢。来了，跪在椅子上，屁股撅起来，来回晃动。

• 陈天荣和沈翔被誉为全班第一吵闹生，笑得跟疯子一样。

• 楼宸宏和秦婧妤为一个叫什么金基范的在吵架。

• 朱心宜和徐泽辰又吵了，为到底是王东城帅还是炎亚纶帅。

• 王剑鑫，预备铃响了才去倒水喝，真不知道他下课在干什么。上课铃响了，他又到门口把风，老师一来，大喊"老师来啦"。好几次上课，他大猩猩似的大叫，或婴儿似的假哭，头一伸一缩的，整个一"活宝"。

说了这些，我话锋一转："几位同学都在素材中提到，预备铃响起，安安静静、端端正正地坐着，等候老师来上课的人，戴岑容。明天，会有几个戴岑容？"

下一周，"每日素材"的矛头，对准自己：从预备铃到上课铃："我"在做什么？

　　人，往往轻易看到别人的缺点，却不容易看到自己的缺点，不是"不容易"，而是缺少反省的意识和习惯。人，相对容易接受自己发现的缺点，而不大愿意接受别人指出的缺点。请看以下同学的自我反思：

　　葛佳玥说，自己就是管不住自己的嘴巴，忍不住要说话。

　　朱冰清说，上课铃响了，自己仍然一路聊天，娓娓而谈，似乎还没有上课，很不好意思。

　　沈翔说，预备铃响后，还与其他人下棋，即使有几个人回了座位，他还是不管三七二十一，叫、吼、敲，直到上了课，才勉强收棋。

　　姚昕怡和王宁远说，预备铃响，还在做数学课作业，连头都没有抬，直到老师出现。

　　顾君珺说，预备铃响，马上回座位，老师还没来，她便在座位上开起了个人演唱会。

　　杨秋凡说，发现自己做得也不好，拿好书后，准备工作做好后，就和四周的人讲话。

　　徐泽辰说，他课间和同学玩游戏，预备铃响，回到座位。可忍不住东张西望，又转过去和同学玩起游戏。

　　瞿伟琪说，课间玩得太投入，预备铃声，根本就没听到。后来，发现大家都坐好了，才发觉上课了。

　　王宇俊说，预备铃响后，坐在座位上，觉得无聊，又离开，去找玩伴，又去门口"把风"。

　　胡融涛说，预备铃响后，他发会呆，咬会手指，再发会呆，正式铃响，不咬手指，不发呆，精神饱满地等老师来。

　　史浩宇的自我评价，比较全面，说自己语文、数学、英语的课前准备，比较充分，不捣乱。其他的课前准备，就不是这么回事了。比如美术课，直到老师出现在身边，刻意提醒，才收了"游戏王"。音乐课，也是如此。

班长、大队长都出动了，管起课前纪律来，原先，只有纪律委员吴新伊管，其他班级干部置若罔闻。是不是可以这么说，每个孩子的心里都有思考、发现和批判的愿望，他们的内心深处并不希望别人管他们，而希望自己来管理自己。评价别人做得怎样，那就是人人参与的管理他人；评价自己做得怎样，那就是人人参与的自我管理。

管纪律需要技巧和策略

"实习老师回去，会相互交流，说所教班级的情况，因此，大家的纪律代表着学校的形象。"有个实习老师跟着我，实习老师想要管住班级，有难度，我提前给学生打预防针。

大家都收敛了不少。

中午，男女生古诗比赛，两个内容：一是集体的，二是个体的。个体要抽签，抽到谁，谁来背，背哪首诗由老师选。20分钟过去，我忍不住去教室，怕实习老师管不住。

果然，吵得没地方落脚了。

"比赛分两个方面：一、背古诗的成绩；二、男女生两个团队的纪律分。"教室立刻安静下来。管纪律，要方法和手段。

我退后，实习老师继续。

男生又起哄，说实习老师不公平，女生背的诗，简单；男生背的诗，难。实习老师当场随机抽。至于诗，她刚来，也不知道哪些背过的，哪些没背过，哪些难的，哪些易的。几个男生说："我们退出不公平的比赛。"

实习老师看着男生气势汹汹的样子，只好让男生背三岁小孩都会的诗。

这下，女生又闹起来了。

我站了出来："抽哪首背哪首，这就像买彩票，有的中了 500 万，有的人一分钱都捞不到。但总体来说，大家的运气是一样的。你认为抽到的都难，这恰恰暴露出你没背熟。比赛输了，却收获了警示，要回去好好复习，真正会学习的人，是这样想的啊。"

教室再次安静下来。抓纪律，要思考，要抓得住要害，三言两语，化解。

默词语，有错，要重默。严格，学生才会踏实、认真、细致。"默写前，可让学生复习三分钟，"我关照实习老师，"这三分钟，往往很有效。"

实习老师进班级。

两分钟后，我进去。实习老师扯着嗓子，要大家复习，准备默写。

"戴岑容复习得很认真、很投入，不管她等会儿默得怎么样，特批：不重默。"我走到戴岑容面前，对实习老师说，"复习的几分钟里，凡像戴岑容那样的，请你特批：不管默得怎样，都不用重默。"

很快，大家进入了状态。王宇俊边看边书空，我夸了他，皮小子也这么投入。其他同学也都书空起来。表扬，目标激励，最经常也是最重要的手段。

班级继续交给实习老师，也期望她能明白，教学既是一种教和学，也是一种组织和管理。临走，我对实习老师说："刚才，每个同学都很认真，很投入，因此，不管大家默得怎样，只要是认真默的，又认真订正的，都特批：不重默。"

陈天荣盯了我一会儿，说："奇迹，真是奇迹。"他的意思，管老师一向要求严格，这次居然……我对他说："你们先创造了奇迹。你们的奇迹创造了我的奇迹。"

没有严格的管理，不可能有好的纪律，也不可能有强的战斗力。光严格，师生关系会趋向紧张。表扬和激励，少不了的润滑剂。

手记三：一线"协助学"

　　某小学进行教师聘任改革：教师报名参加班主任选拔；班主任由家长选；任课老师由班主任选；没被班主任选到的，转岗或待岗。这项改革里，班主任的地位凸显了，班主任不再是世界上最小、最没权的"主任"，班主任有了招聘本班任课教师的权利，班主任不只是学生的主任，也是任课教师的主任。班主任不是班级管理的光杆司令，也不只是到学生中找小助手，班级的任课教师应是班级管理的中坚力量，其次才轮到班级小助手、小干部。

　　很多地区，大幅度提升班主任的津贴，却忽视了、降低了每一位任课教师的育人职责。每一位"任课教师"，首先是教师，其次才是某学科的教师。教师，就应该担负起对学生的教育，而不只是教学；任课教师，就要成为班主任带班管理的拥护者、协助者，而不是一旁的旁观者。任课教师由班主任聘，这从层级上，理清了班主任和任课教师的关系，从而极大地推动了以班主任为核心的班级管理模式，为教育教学的合力提供了一个有力平台。每一个任课教师都是班主任的得力助手，每一个任课教师都应主动协助班主任做好组织与管理、卫生与劳动、锻炼与纪律等方面的工作。一个学校的班级管理、德育工作朝此方向前行，教育不只是得到力量的整合与增强，更是教育的朝气、智慧和幸福感的提升。

为班主任出招儿：家长做试卷

有一年，参加女儿的家长会，班主任给我们做了一张测试卷：

1. 您的孩子在班级中最好的朋友是谁？

2. 您的孩子哪门功课学得最好？

3. 您的孩子相对来说，哪门功课薄弱些？

4. 您的孩子上月"文明积分"，名列第几？

5. 在班中，您的孩子最佩服谁？

6. 您的孩子最近在读什么课外书？

7. 您的孩子长大后想从事什么工作？

8. 您的孩子最喜欢的体育运动是什么？

9. 您的孩子最喜欢吃的水果是什么？

10. 您的孩子最喜欢看的一个电视栏目是什么？（A. 知识类节目；B. 电视剧；C. 动画片；D. 综艺类节目；E. 什么电视都看）

10 道题，测试家长对孩子的了解程度。家长做后，班级小干部收上去，与孩子事先写好的答案进行对照、批改。很快，成绩出来了，最高 70 分，第二名 50 分，绝大多数家长只有 20 分、30 分。

每一位家长都期望老师能深入了解自己的孩子，对于不太了解自己孩子的教师，嫌不够关心，不称职。测试结果出来，家长理解了，自己对自己的孩子，不能说不爱，不能说不关心，尚且如此；一个教师要带几十个孩子，不容易啊。

我要了一张测试卷，带回家保存起来。

　　一晃，又到家长会。班主任张老师忙着想活动，我拿出测试卷，推荐给张老师，并建议将第四点改为"您的孩子上月'作文积分'是第几军团?"——我们班正在搞"作文积分"活动。

　　张老师愉快地采纳了。

　　一般而言，对自己孩子了解的，得分较高的，孩子的学习都比较好；得分低的，孩子的学习往往很一般。学校教育和家庭教育，两个都重要，靠一个，是瘸子。

　　我们班的测试情况，也如此。

　　我相信，对于这次测试，那些将孩子的教育责任一股脑儿推给学校的家长，会有一份特殊的体验和思考。

为班主任出招儿：让男生去带操

　　我们班要给一年级小朋友带操。

　　女生的操都不错。男生的操，懒懒散散，东倒西歪。班主任决定选派女生。

　　"不妨让男生去。"见班主任一脸疑惑，我解释道，"男生的操不像话，不妨借此机会，改变他们：带操，他们总要拿出点精气神来，总要拿出大哥哥的样来。"

　　张老师采用了我的建议。

　　第一次带操就出了问题，挨了值勤人员的训：刚一结束，男生一窝蜂地涌上楼，忘了排队。

　　正是要将问题暴露出来，以便整治；正是要丢一回脸，才有触动。

次日，副班主任丁老师去看男生做操，我也跟了去。做好操，体育委员整队，等女生的队伍过来，合为一队回教室。

丁老师夸了大家，强调：一年级的小朋友都睁大着眼睛看着，学你们的动作，依葫芦画瓢呢。

"早上的操比昨天有进步，要表扬，个别同学没精打采，动作不到位，也不精神。"私下里，我给体育委员出点子，"下午，请体育老师给男生复习做操。"

大活动时间，我带学生。男生练操。练一遍，做得好的，玩自己喜欢的体育项目去；不好的，做第二遍。第四遍，都不错了。

领操的第四天，男生的动作都比较到位，精神也饱满多了。张老师朝我竖起了大拇指。

为班主任出招儿：卫生清单制、值日"单位1"制

班里的卫生不尽如人意到什么程度呢？

中午，两个垃圾桶里满满都是垃圾，牛奶袋、零食袋、咬了两三口就扔的苹果，关了门开着空调，一脚踏进去，一股恶心味！愣是没人去倒！

"走遍整个教学楼，没有哪一个班级的垃圾桶会如此脏；走遍咱们市所有小学的所有班级，没有哪一个班级的卫生角会如此不卫生！"我刚从农村小学转来，刺激他们，"这里的教室设备，比我以前所在的小学好，教室的脏，却远比他们厉害。我们的同学穿得比农村小学的孩子干净、漂亮，我们的教室却比人家的脏多啦。"

没用，教室依然脏。

原因一，学生不把打扫教室当回事，劳动委员由一位学习后进生担任，他的话，没人听；原因二，学生不会做家务，不会值日，角角落落里的纸屑，不知道怎么清理；原因三，看不起劳动，不少学生家里有保姆、钟点工，认为这是没知识、没文化的人干的活儿。

值日组长说，这个不听我的，那个不听我的；这个说有事请假，那个说有病请假；这个说和谁换了，那个"谁"，人影也没有……

班主任和任课老师碰到一起，达成共识，当下，每天要有老师看着学生做值日，打分。班主任的孩子还小，要早点回家带孩子，她负责早上。我们几个轮流查傍晚的值日。

卫生实行"组长负责制"，前期工作，我做。

周一到周五，五位值日组长，我逐个问组员："你们能听从组长的分配和管理吗？如不能，另选。"大家都表示听从。

"值日组长的作用，不在于自己做多少，而在于分配、管理、检查、监督。第二天早上，班主任检查。不合格，由组长一个人负责第二天的值日。"底下一片哗然。要给组长压力。有压力，才想把事情做好。不就扫干净地面，排整齐桌椅吗？不就"干净""整齐"两个词？

课间，见缝插针地召开值日小组长会议，发值日组长检查单，内容如下：

1. 讲台是否干净整洁；

2. 黑板是否擦得干干净净；

3. 桌子椅子是否整整齐齐；

4. 桌子上下两层的桌兜，是否干干净净；

5. 地面是否干净，特别是讲台前、黑板前、饮水机前、卫生角、空调机上；

6. 教室内扫把、垃圾桶等物品是否放得井然有序；

7. 书报夹是否井然有序；

8. 作业柜上，作业本是否井然有序；

9. 窗台是否干净，窗帘是否拉起，窗是否关好，灯是否关好；

10. 电脑主机是否干净，电脑桌肚是否干净。

平白的话，都看得懂。不多说，值日组长给自己组开会，讲给组员听。我也期望用"会议"强化值日组长的地位。

当日，值日情况很好。班主任半开玩笑："干得不错，本主任表扬你！"

过两天，讲台乱糟糟，作业本乱糟糟，小黑板横七竖八，地面粉笔头横七竖八。一调查，值日生们说了不少理由：一同学病假，一同学回家，人手少，没做；组员值日结束，向组长汇报"做好"，组长没提哪里不好，责任在组长。

史浩宇和闻贡源急着喊冤，值日做得很认真，也做了不少，做得不好，与他们无关。

"值日生'磨洋工'，5 点 15 分，只做了一点儿，天气又不好，黑黑的，我只好让组员们先回家去。"组长解释后，主动承担后果，"今天我们重做。"

40 位同学值日 5 天，一次有 8 个人，少了 2 个，还有 6 个。值日生的任务是做好当天的值日，哪怕只有 2 个人、3 个人，也要做好。

我说，有一年我带班，一次放假调休，很多值日生没想起来，走了，只有一个同学想到了。就是这个同学，一个人打扫教室，打扫得干干净净、整整齐齐。值日生，也可以做得这么优秀，这么杰出。

一群值日生就是一个团队。一个团队，就是数学上的"单位 1"，一个整体。我们班，很多同学很优秀，可每月的优秀班集体评比，不是二等奖，就是三等奖，没拿过一等奖。原因就是有几个同学总被扣分。值日生，也是一个团队。"值日组"就是"单位 1"。

闻贡源反问道："管老师，要是那几个人总不好好值日，我们就一直重做？那不要倒霉死了？"

"我们班总有那几个人，不好好做操，不好好遵守食堂就餐纪律，各项评比一直落后，岂不是倒霉死了？"我说，"现在，有两个解决方法：一、认真的同学要联合起来，谴责不认真的，谴责还不行，请老师帮忙；二、实在没办法，建议重新分组，不认真的，集中一组，看他们怎么办。"

第二天，教室干净起来。我给当天的卫生打了 95 分，有史以来的最高分。值日生也很高兴，感受到了值日的快乐和自豪。真正的劳动是能够给人带来自豪和快乐的。

路上遇到班主任，她说："阿明做值日也很认真了，谢谢你。"

配合班主任："我为班风做贡献"

班主任制定了《班级公约》，要大家执行。

为了配合《班级公约》，整顿班风，当周的作文主题定为"我为班风作贡献"："每天，你为班风、班貌作了什么贡献，记录下来。你为班风作了多少贡献，你的素材就有多少亮点。"

李静贤听了我的"班风""学风"谈，去查阅了"班风""学风"的资料，写了《什么是"班风"风学"》，我读给大家听：

"……怎样建好的班风、学风呢？老师，课上要相对严厉一点，树起威信，但不能疏远学生，要在第一时间与学生沟通，及时发现问题。要知道学生在想什么，对于原则问题，不容更改，态度一定要强硬！对于不好的习惯，就是需要当头棒喝，让学生知道这种事，不可以就是不可以。

"……如果良好班风的标准是团结，我们会是不及格！我们班同学，家里宠着，娇生惯养，斤斤计较，不为别人着想，一件小事能记上几个月！如果良好的班风是纪律严明，那么我们只能得零分。排队讲究'快、静、齐'，我们是'慢、吵、乱'！排一个队，几分钟都排不好，吵得别的班级把门都关紧！我看，有机会，抽出一节课，好好练一练！自习课应该除了翻书声就是写字声，我们呢，鹊声四起，不吵得校长也来训斥，决不罢休！

"……查阅了'班风''学风'，我不由得想对同学们说，醒一醒吧，看看我们与好班风、学风相差多远，不是一步两步，也不是十步！"

《班级作文周报》出了"我为班风作贡献"专刊。我又做了"从预备铃到上课铃"的主题写作，继续配合班主任的班风整顿，每日将阅读到的有效消息，或口头或博客，及时与大家交流、分享：

•喊安静的同学越来越多，提醒同学安静等候上课的同学越来越多了，比如陈帅志、朱心宜、朱立凡、徐泽辰、闻贡源、陈一言。

•主动拣教室里的垃圾、擦黑板的同学越来越多了，比如瞿伟琪，陈小青、王剑鑫、阿明、楼宸宏。

•安静地排队、就餐、走路，做好课前准备的同学越来越多了，比如邹铭恒、阿涛、俞雪玥、周乐鸣、吴新伊、庄陆凌、小仪。

•见到饮水机旁有很多水，蔡张胤拖起了地；见到有同学往墙上扔球，孙在君、小醯同学上前阻止；说自己一直不主动和老师打招呼的杨秋凡，开始主动和老师打招呼，为的是良好的班级风貌。

•心中装着"班风"的同学越来越多，戴岑容讲到，一位同学看到大家排队时乱糟糟的，就大喊："为了班风，快、静、齐，立正！"

•班长耿扬写《为了班风，以身作则》，说她不情愿做眼保健操，但为了班级风貌，她还是"不情愿"地做了，她说，"很快，我发觉，我的不情愿是有价值的，我的不情愿被陈帅志看见了，他也把眼镜摘了；我的不情愿被朱心宜发现了，她马上站起来管起纪律。班上有一群人，也悄悄地闭上眼睛，做起了眼保健操。"

　　"中华民族往往到了危急的时候，中国人就能团结起来。这就是温家宝总理讲的'多难兴邦'。咱们班遇到比赛、遇到外力的时候，能够团结起来。平日，咱们班乱糟糟的一团，没有凝聚力，没有集体意识，只有自个儿。如果能够像戴岑容、朱心宜那些同学一样，将'为了班风'放在心里，那么咱们班就富有了神奇的凝聚力，就能产生神奇的力量，辉煌咱们班。"我小结道。

　　也有委屈。有同学对我讲："管老师，你在同学心目中的地位下降了。"

　　近阶段，我管得严。队伍，必须像队伍；上课，就得有上课的样。讲台上，要理整齐、理干净；黑板，课间得擦好；上课铃响，得安静候课；做作业时，不能闹哄哄。

　　小学生嘛，谁松，谁顺他们的心，谁就好。

　　有的时候，我问自己，干什么呢，你只要把语文教好，就行了呀。

　　另一个"我"总回答：你是老师。老师，就要教学生做人的理。老师，就要帮学生形成良好的品行。常有老师说，某个中层管得严，人缘差，这从另一个角度在夸那中层。一个学校，必须有严格执行和敢于批评的中层；中层都是老好人，这学校肯定不行。班级也如此。

　　纪律委员吴新伊，天天喉咙扯得老高，队伍依然松松散散，现在她说："整队比以前好整多了，这和管老师强调班风建设有关。"

　　我很欣慰。

配合班主任："我为班级做点事"

　　"你有橙子，他有苹果，我有香蕉，另一个人有西瓜，还有一个人有芒果，五个人各吃各的，每个人只吃到一种味道。五个人都拿出一部分给其他四个人吃，大家品尝到五种水果，吃到的水果的总量没有减少，五个人还增进了感情，收获了友谊。

"一个班级，每个人都为它付出，其实每个人都没有损失什么，还将收获温暖的同学情谊。相反，每个人都只关心自己，只做自己的那一份，这个班是不完整的、残缺的。在这样的班里，残疾的是心灵，缺失的是温暖和关怀。

"你为班级做事，也是为自己做事，你为同学做事的同时，也正在为自己打造一颗宽广、善良、正直、受人欢迎的心灵。"

做了此番演讲，我宣布本周"每日素材"的主题为"我为班级做点事"。

"做得精彩，才能写得精彩。作文和做人是分不开的。"巧了，课上，阿明出鼻血，很多同学争着送上餐巾纸，看来，很多同学理解了我的话，并行动着。

一周里，涌现出了很多温暖的故事：

• 陈天荣看到教室里的桌椅乱了，就和陈帅志一起排。

• 耿扬，为班级抄古诗，认真批改。这是老师布置给她的一份工作，做好，就是为班级做事。

• 庄陆凌见到别人扔在地上的塑料瓶，一下课，马上捡起来，扔掉。

• 捡粉笔头的有朱冰清、归少东、小英和王剑鑫。

• 孙在君喊了一声"安静"。喊前感觉怪怪的，有点想又有点不敢，后来，感觉自己做得很对，维护了课堂纪律。

• 李静贤见徐泽辰拿粉笔丢人，连忙制止徐泽辰："徐泽辰，别拿粉笔砸人，很疼的！粉笔头落到地上，被人踩碎了，地上就脏了。"……她弯下腰，轻轻拣起粉笔头，放进了粉笔盒。

• 楼宸宏抬头一看，天色阴沉沉，好像快下雨了，关好了窗，进入晨读。

• 周乐鸣发现讲台上的一叠练习册没有放整齐，补充习题本也没放好。正好，邓书婷也发现了，她们一起抢着做……

·上课时，阿明发现周围的桌子不整齐，下课了，他马上把桌子和别人的对整齐，一看，舒服多了。上课时，也感觉舒服。做了一点事，他觉得很开心，别人坐着整齐的位子，一定也很舒服。

·王剑鑫主动将黑板洗得焕然一新。望着干净的黑板，心里真轻松，做事的时候一点儿也不累，反而觉得很轻松。

·史浩宇看到同学将纸撕了扔在地上，"我上前去，不费吹灰之力，搞定！原来为班级做点事，这么容易啊！"

·大清早，来到教室，徐泽辰感觉教室里闷，有点透不过气来。一看，四周的窗都关着，就去开窗。刷刷刷，窗全被他打开了，新鲜的空气赶走了旧空气，一位同学叹了一声："新鲜的空气吸着就是舒服。"

很多同学说，做了额外的事，没觉得累和苦，没觉得损失了什么，相反，内心里有一丝暖意，有一丝欢喜。

"当你为班级做一点事，当你为别人做一点事，回报在那一刻就给了你：那就是你感受到了温暖、欢喜和快乐。现代医学研究表明，一个人的健康与一个人的心态有着密切的关系，当你能时常处于一种温暖和欢喜之中的时候，你获得的不只是温暖和欢喜，还有健康。"说这番话时，教室里很静，至少，那一刻，这话触动了学生。

一个人活在世界上，要活得健康，活得快乐。为班级做点事，为同学做点事，是一条很好的途径。长大了，为集体做点力所能及的事，为周围的人做点力所能及的事，你并没有损失什么，而你的生活质量发生了变化。每天为班级做一点事，看起来似乎是为别人，其实更是为自己。这就是"我为人人，人人为我"的美好境地。

"我不为人人"的结果是"人人不为我"，于是班级里又脏又乱。地面上的脏、乱、差是次要的，地面的脏、乱、差会影响到人心灵的脏、乱、差。心灵的脏、乱、差，那就是事不关己高高挂起，那就是自私自利，只管对自己有利的事，不管他人的死活感受，只管自己少做点，多享受"免费的午餐"，这样下去，心灵离高尚、离纯洁、离美好越来越远，离真正的幸福和快乐也越来越远。

一个习惯占便宜的人，看起来他占了便宜，"幸福"了。实际上，这个人永远不可能幸福，因为，他连什么是"幸福"都不知道，哪来的幸福呢。

吴新伊写过一段话，总结了本次的主题活动，很有意味：

"自从管老师布置了这个主题，班级有极大的变化。做了5年的纪律委员，第一次看见这么多的同学不求回报地为班级做事，这次的主题真好，同学们知道了为班级做事是开心的，同学们有了集体荣誉感。我又觉得这次主题不好，为班级做事是一件平淡的事，不用记在'童年'上。班级是我们的第二个家，为'家'做点事，完全应该呀！"

同学们写出不少好作文。一位编辑见了，给我们出了专版。我对大家说："打动编辑的，不只是写得好，更是我们做得好；不仅做得好，更是我们的心灵好。"

配合班主任：成立篮球小组

一些同学作业没完成，或马虎了事，急着去打球。王宇俊，一连几天，作业没做，只想着打球。

班主任下禁令：禁打篮球一周，一周表现优良，作业完成及时，取消禁令。同时要求，不准在教室里打篮球。上次，学校检查卫生，我们班后墙上，一个又一个的球印儿，扣了不少分。

次日，一大早，王宇俊带了个足球，在走廊里大踢特踢。见我眼神异样，辩解："张老师只说不准打篮球，没说不准踢足球。"

噎得我没话说。

一不留神，王宇俊的球踢出了格，飞出了走廊，掉楼下去了。教室在四楼，掉下去，若砸人头上，那还了得。捡了球，几个小家伙垂头丧气，一问，遇校长，挨了批。

这边的事还没了，王剑鑫来了，书包还没来得及放下，起劲地拍起篮球。我走上前，往张老师的办公室指了指。他明白了，拿了球，向张老师办公室走去。

班级管理，仅靠班主任一双手，一双眼，肯定不够。班级小干部？这年头，小干部都学乖了，不肯得罪人，到期终，评先进，人缘要紧哪。任课老师配合班主任做，必要，管用。

这股篮球热，能不能顺着理一下呢？语、数、英老师中，只我一个男教师，理所当然地落我身上。

那天放学，我找了陈天荣、陈一言、沈翔、赵诣，开了个碰头会。几个女生见了，非要进来听，我们不让。门关起来，窗帘拉起来，她们悻悻而去。

"我们组建一个篮球小组，你们看怎么样？"

他们一下子欢呼起来。

"成立篮球队，得有篮球队的队规，没有队规，那还叫篮球队？"

他们都认同了，催我快点写队规。

男生回教室去拿笔和纸，却发现教室门被女生关了。好容易，看在我的面子，女生把门开了。儿童就是儿童，你和他们以这样的方式交往，他们把你看成了大朋友。

球队命名为"快乐篮球队"。宗旨：快乐，团结，拼搏。——近阶段男生打篮球，经常打出矛盾，闹得很不愉快。

队员要求：团结同学；服从裁判；作业先行；学玩有度；球士风

采。——要处理好打球和学习的关系，处理好打球和赢球的关系。

活动时间：每周两次，每次 40 分钟。——控制学生无原则、无时间概念地玩球。

陈天荣、陈帅志等男生都接受了，15 名男生参加，分三个小组，每 10 分钟一节，打四节，小组循环赛。

"一个好的学科教师，表面上不是班主任，实际上他是看不见的'班主任'。他没有班主任的名份，却有班主任的使命。"这话，我真心认同。

配合班主任："神秘礼物"之写作版

元旦前，班主任搞了一个很有创意的活动。活动有以下步骤：

1. 为班上每位同学写一条优点。

2. 将"优点"裁剪下来，归类。

3. 抽签，抽到哪位同学，领走那位同学的"优点"，工整地抄写在纸上。如，甲同学抽到乙同学，甲同学回家，将乙同学的几十条"零散"的优点，工整地抄写在一张纸上。

4. 将那位同学的"优点纸"装帧起来，作为元旦礼物，送给那位同学。

得知消息，我以"神秘的礼物"为主题让学生写"每日素材"和"每周一稿"，以文字的方式跟踪、记录活动过程。学生不只是在"做礼物"和"送礼物"，也在"思考礼物"和"记录礼物"。

有的同学说，突然发现，自己优点还是蛮多的。之前，一直认为自己没什么优点，没什么特长。小小的镜框，大大的温暖和鼓舞。

有的同学说："39 份礼物，39 颗闪亮的心，39 份礼物的背后是六年的友谊，整整六年！你还记得陈天荣打掉蔡张胤的半颗牙齿吗？你还记得徐泽辰叫陈一言"二牛"吗？你还记得瞿伟琪和葛佳玥的"冤家路窄"吗？你还记得五年级篮球获得第一名吗？你还记得圣诞派对上的搞笑情节吗？……过去的许多往事，我相信你肯定还记得！人会老，六年的友谊不会老！"

有的同学说："谢谢你，让我感受到了友谊的存在！谢谢你，让我感受到了友谊的温暖！谢谢你，让我感受到了班集体的存在和温暖！"

有的同学说："优点背后是鼓励，它像汽车的马达，成为我前进的动力，使我马不停蹄向前冲去，在我失落时给我一种肯定，鼓舞着我。这39条优点，是39份情谊。六年来朝夕相处的伙伴为我写下这39条优点，这里还包含着一份难得的缘分，是用笔写不出来的，用嘴巴读不出来的，只有用心才能感受到那背后的感动。那是一份来自心灵的礼物，用心书写的礼物。"

有的同学说："看着39条优点，想想39位同学，每一个字都藏着同学们六年来的互相了解，藏着同学们六年来的友情。这一份礼物，带给我不少欢乐，不少欣慰，也带给我一些遐想，一些喜悦，更多的是小学六年温暖的友情。"

这些话语，不正是班主任所期望的教育效果吗？而语文，不也有了一次很好的作文实践吗？教育需要联手起来，不单打独干，力量会强大得多。我跑到张老师办公室，喊："主任，以后有类似活动，一定要告诉我啊！"

与班主任想一处：欢迎新同学

转来了一位新同学。新同学最需要来自同学的欢迎和关爱。

周末到了，该出《班级作文周报》了，我很着急：不见朱冰清的作文。

不只为版面空缺，而是此文，专门用来欢迎新同学的。来到一个新学校，孤单，缺乏安全、温暖和友谊。《班级作文周报》上出现新同学的名字，有同学写作文欢迎她，她会较快地找到归属感。

前几天，新来的王宁远正在看书，我上前问什么书，一看，蔡骏的悬疑小说。一旁的朱冰清说："我也喜欢蔡骏的书，正要去图书馆借。"我对王宁远说："你看好了借给她，她叫朱冰清，超可爱的女生。"

从王宁远的日记里，看出她对以往生活的留恋。她对以往生活越留恋和怀念，越说明她与新校园、新班级的隔阂。小学最后一个学期，不过四个月，不能较快地适应新班级，不能较快地在新班级里感受到生活的乐趣，那么，她的学习将是灰色的，她的学习能力也得不到激活和开掘。这一点，班主任和我一样清楚，一样担忧。正因此，看到朱冰清的稿件《张开双臂欢迎你》，我很高兴，及时录用；王宁远看到这篇作文，会很温暖，会对朱冰清、对班级有一个美好的印象。

已经下午两点，再两个小时，《班级作文周报》一定要出版了，我怎能不着急？我快速找出朱冰清的周记本，找到那篇稿件，快速输入电脑：

……老师介绍说，她叫王宁远，从苏州转过来的，看起来蛮酷的，蛮漂亮的……这几天她在看《圣婴》，蔡骏的，《猫眼》《病毒》，她都看过了。我也非常喜欢蔡骏的书，我感觉找到了知音，与她聊天，感觉很投缘。……王宁远，我们全班张开双臂欢迎你！

搞定，《班级作文周报》出版，发下去了。

作文讲评课上，我请朱冰清读她的作文，我在黑板上写下"张开双臂欢迎你"几大字。读后，以黑板上的字为背景，请朱冰清和王宁远合影、留念。

后来，我在办公桌上看到一张纸条，一个没留名的同学写给我的：朱冰清和王宁远能成朋友吗？我看出来是谁写的。我在心里微笑。

与班主任想一处：关注汶川地震

汶川地震第二晚，我在电脑前坐了两个小时，搜集了大量有关四川地震的图片，做PPT。

早上到校，打开电视机，到校的同学观看新闻。汶川地震的新闻，实时滚动播出的。一向调皮的陈天荣，安静地坐在了前排，观看起来。

8点，我打开PPT，向大家介绍灾区损坏的道路、房屋，以及被压在倒塌的建筑物下的人群，到处是瓦砾，到处是坍塌的建筑，公路裂了，堵了。

一个小伙子背上背着一个人，急切地奔走，背景是一大片完全倒塌的建筑物。一张航拍的图片，一个大大的深陷的井，像一个能吞噬人的巨大怪兽的大嘴。教室倒塌了，学生没来得及出来。街道上到处是打点滴的人，医院已经住不下了。

一位父亲见到自己的孩子没救了，瘫坐在地上。

一位母亲呆呆地看着盖上白被单的亲人，不言不语，让人心酸得想落泪。

从现场救出来的血肉模糊的灾民，让人看到了地震的残酷，已经震亡的灾民的尸体暂且搁在一边，人们还没有缓过气来处理这些，救人要紧。

温家宝总理赶赴灾区，在飞机上办公，开紧急会议。

温总理出现在灾区第一线，温总理在讲话：只要有一线希望，就要付出百倍的努力！

各方的人们都在向灾区支援。著名企业家在捐，著名艺人在捐，平常百姓在捐，个人在捐，集体在捐，香港在捐，澳门在捐，世界各友好国家都在捐助中国，捐助灾区。

一位男子，对着苍天祈祷。

我说："此刻，我们不能做什么，那么，就让我们和他一样，对着苍天祈祷，祈祷灾区的人们能够早日平安。"

我们庄严地将双手合十，放在额前，默默祈祷。

阿涛对我说："老师，我感觉自己的祈祷声，灾区的人都听到了。"

课前，朱冰清几个人过来，说："老师，上课，我们要再祈祷一次。"

班主任也紧锣密鼓，在她组织下，几位同学正在紧张地写"爱心倡议书"……

灾情还在悲惨地延续。

每日，我搜集着最新图片，很多人被压死在钢筋混凝土下。

我出示解放军官兵一幅又一幅感人的画面。我请同学交流一个自己最受感动的画面和故事。

一个同学说，一位解放军战士在抢救学生时，发生了余震，命令他撤离。解放军哭了，死也不肯离开，非要进去抢救里面的小女孩，他哭着跪下来说："让我进去吧，我答应里面的小女孩，等会儿就去救她的……"

我说，这一哭一跪，是解放军战士对人民的一片真诚的爱啊。

一个同学说，一幢教学楼坍塌，上面有一位学姐被压着，下面有一位学妹被压着。学姐在上面不停地说话，鼓励下面的学妹不要失去活下去的信念，一定会有人来救她们的。救援的人来了，学妹得救了，而上面的学姐，受的伤比她还重，无法救了……

我说，地震被困，最缺的是水，少说话，保存体内水份。那受了重伤的女孩，却置之不顾，不顾的是自己的命，顾的是他人的命。

一个同学说：一个获救的女孩回忆说，当时她被一个同学推了出来，就在她被推出来的时候，一回头，却发现推她出来的同学被坍塌的房子掩埋了。她说，她不知道他是谁，不认识他，只知道他是一位男生……

我说，一刹那间，将生的希望留给别人，将死的危险留给自己。

屏幕上，那是一个小女孩恐慌的眼睛，那恐慌的眼睛让人看了揪心。

我说，这一个个故事，能够将小女孩恐惧的心灵抚慰，有这样的人间真情，灾难会在我们面前止步！

一个同学说，一位消防战士在救人的时候，自己也被余震压住了，可他还是将一同被困的人一点一点地顶了出来。等人们将他救出的时候，他已经是粉碎性骨折！

一个同学说，一位老师用自己的血肉之躯，撑起了水泥板，底下掩护着三个学生。老师死了，三个同学活了下来……

……

一个个画面在同学的眼中闪烁，一段段动人的故事在同学耳边响起，班级从来没有像现在这样安静，大家安静地听着，听得发急，恨不得一起讲。

"现在，最需要两样东西：一是钱、物资，解决受灾群众的燃眉之急；二是温暖和爱，正像图中的小女孩一样，很多人的心头都有太多的恐慌，我们用温暖和爱，来抚慰他们。"我说，"同学们，我准备出一期'汶川特刊'，让我们用文字，将地震中的温暖和爱，传扬出去！"

大家情不自禁地鼓起掌来。

周六周日，同学们写好稿件，周日晚八点前，发到我的邮箱，我开夜工，编辑好，下周一，"汶川特刊"印出来，为"汶川地震"做一些温暖的传递。

后来，顾君珺的《情·友情·爱情》、耿扬的《汶川，我们和你在一起》、秦婧好的《因为爱》等相继在报刊发表。

这几日，各大报纸都刊登很多有关汶川地震的散文、诗歌和评论。每日，我选择一两则，请先到的同学练习后，读给大家听。读了《哀悼日》，再读《默哀时，你在想什么》，其中的两段话，我忍不住再次朗读：

"如果您还是一个孩子，您会不会在静默的时间里，想起我们曾经不懂事地忽略了父爱与母爱，安之若素地享受着他们对我们的付出而不懂得回报，甚至在青春期的叛逆怂恿下，做出令他们伤心难过的事情。当千千万万的孩子再也叫不应爸爸妈妈的时候，您是否还会觉得，微笑叫声爸爸妈妈是一件可有可无的寻常事情？

"也许您是一个学子，您还会觉得在窗明几净的教室里安静地听上45分钟课是一种负担？"

大家特别有感触。灾难会给我们活着的人以教训，给我们活着的人以启迪。

班主任告诉我，我们班捐款的数额很大。钱的多少不等于爱心的大小。然而我能从中感觉到，我们为此所做出的共同的宣传和教育，没有白费。

手记四：一线"情感学"

人本质上是孤独的。孤独的人需要彼此的温暖。一个问候，一个抚摸，一个点头，一个微笑，一句话，一个举动，都能滋润师生彼此的心灵。

一线的教育温暖，来自老师对学生的关爱，来自学生对老师的关爱，来自同学对同学的关爱，也来自老师与老师的关爱，而不是相互的猜忌和暗斗。一线的温暖就在校园的某个角落里，就在班级的某个角落里，就在办公室的某个角落里。一线的温暖就在一个又一个的故事里。教育的现实有很多的"痛"。教育的温情，几乎是教师内心深处留恋教育的最伟大的力量。

情在"幽默"里

这几天，同学们都在私下里称我老大。他们说，管老大，这是对你的尊重，别人，想做我们的老大还不行呢。

"管老师"与"管老大"，一字之差，《管老大个人资料》《对管老大的建议》等作文，发在《班级作文周报》上，总有点别扭。

键盘上，敲了一段话：

"私下里，不少同学称鄙人'管老大'，呜呜呜，怎么听都像是黑帮里来的；呜呜呜，我何等斯文，竟落下这一'雅'称；呜呜呜，赶快给我拿掉，不然我就上吊！"

《班级作文周报》发下去，同学读着，笑着，叫着，教室里一片欢声笑语。后来，改称"管大"，"管大""管大"，搭班的老师也跟着叫，一直叫到毕业。新一届学生，也"管大管大"叫，叫到现在。外出讲课，其他地区的老师，也"管大管大"地叫，叫得好溜。

王心怡的《管老师的普通话》里写："开学第一节语文课，管老师就告诉我们他的一大缺点——普通话太普通。我感到很奇怪：身为语文老师，怎么会普通话不好呢？不过我的注意力很快就转向了另一个问题：管老师的普通话究竟怎么个普通法？于是，我开始认真观察管老师每天读错的字。"

王心怡忠实地记录了我发音不准的事儿，如：2006 年 9 月某日和 2006 年 10 月某日，管老师把"捺（nà）"读成了"哪（nǎ）"；2006 年 10 月 24 日的语文课上，管老师把"针（zhēn）"读成了"曾（zēng）"；2006 年 10 月 27 日，管老师把"司（si）"读成了"诗（shi）"。

学生敢于指出老师的缺点，好事，能打破老师的霸权主义。但，不能太丢面子，太丢面子，学生不尊重你。幽一把默，化解一下：

"读了心怡的文章，我的鼻子红了，我的脖子红了，一看屁股，它也红了，嘿，幸好穿着裤子，要不，羞死啦！"

《班级作文周报》发下去，同学们看了，笑得不行。他们的注意力也就不再盯在你的缺点上了。

一线教师的幽默，很多时候表现在日常事务上。一名老师以孩子的心态来处理日常事务，他就具备了幽默。

孙在君的作业又没带。双休日的作业，他总丢三落四。我严肃地批评他：

"明天一定要带来。"

"一定带来。"

"不带来呢?"

"打100下屁股。"

"不用。我只要打99下就行了。"我一本正经地说。旁边的同学笑了,孙在君也笑了。

顾君珺漏做了一道题。订正后来批,她站在我右边,我伸出右手,在她腿上轻轻掐了一下,她叫了起来:"管大,你干嘛掐我?"

"你看,这种题都错,你说该不该掐你?"她说不用掐,该打屁股。说罢,真转过去,笑着让我打。我轻打了两下,重重地说:"下次要记住!"

这打,不会削弱师生的感情,反而,会增强。

一线教师的幽默,很多时候表现在师生相处上。一名老师能以孩子的心态来和学生交往,他就具备了幽默。

史浩宇刚要走,我以对幼儿园小朋友说话的口吻,说:"小朋友走好啊,摔倒了,自己爬起来啊。"

史浩宇笑嘻嘻地走了。

我拉住跟史浩宇一起走的杨秋凡,说:"史浩宇摔倒了,你一定要——在他的屁股上踩一脚。"

杨秋凡笑了,一旁的同学都笑了。史浩宇真摔倒了,杨秋凡肯定不会在他屁股上踩一脚。放下严肃,开些无伤大雅的生活玩笑,挺好。

王剑鑫来我办公室批作业,手里拿着五角星的糖。批好后,正要走,我大喝一声:"来,给我一颗。"

他摊在手,我挑了一粒绿色的。他大叫:"管大,我最喜欢的颜色被你挑走了!"

"咱俩眼光一致,英雄所见略同!"他笑了。

刚进教室，有人汇报："管老师，陈一言哭了。"我也没弄明白是什么原因，想起了陈一言做了错事，就对我鞠躬，边鞠躬边说："嘿，对不起。"

我学着他的样子，冲着哭鼻子的陈一言鞠躬，边鞠躬边说："嘿，对不起!"陈一言看出我在学他，眼睛红红的，想哭，又忍不住笑，雨后天要晴的样儿。

放学了，张泽豪、阿明几个，买了臭豆腐，见到我，跟我打招呼。我不客气，手伸向吃臭豆腐的张泽豪："给我吃一块。"

签子串起了两块，一块往张泽豪嘴里塞，一块我吃了："下次我请你。"

走到岔口，几个家伙跟过来，似乎还想给我吃臭豆腐。

情在"游戏"里

葛佳玥带来了"菜单"，吴新伊带了"发票""登记表"，她俩一合计，开了个"香溢度假村"。过家家的游戏，问我要不要报名。我报了。两人高兴死了。

她们正儿八经地给我送来了一个袋子，上写"管老师，房号，89888"，内有几张小纸片——宠物：小老虎；食品：鱼翅，大大圈，月光饼，果汁；日常用品：保肤霜，肥皂；床上用品：被子，枕头；金钱：20亿。

明知道那是假的，她们做游戏的态度又是真的，这就是童年吧。参与她们的、成人看来幼稚的游戏，是培植彼此信任和友谊的有效方式。

她们又问我："宠物小老虎，自养还是包养?"

我说，我忙，包养吧。

她们说，每月要从20亿中扣钱，每月扣包养费120元。

反正 20 亿哪，随她们吧。参与的目的，让学生认我为"自己人""伙伴人"。

午饭后，几名学生跟着我。我不知道他们为什么跟着我，他们也不知道为什么跟着我。对孩子来讲，"跟着老师走"本身就是一个目的，一个过程，一种有趣的童年生活。

我悄悄藏在一个墙角处。不见了我，他们惊呼。原路返回，发现了我，大笑起来。再一转身，溜进了厕所。等我从厕所里出来，一看，一个人也没有了。微有点失望，小家伙们突然冒出来，吓了我一跳，欢乐的笑声赶走了厕所里的臭气。

日常交往的开心与和谐，会影响到学习。一个和学生有着亲密感觉的老师去上课，教学效果当然不错。教学效果，不只靠教师的专业素养，还依赖于教师的非专业素养，如幽默、风趣、孩子气。

情在"沟通"里

收到一封邮件：

一直以来，我都很喜欢你，你教得很好，和蔼可亲。我，还有我的两个朋友都把你当作好朋友。但今天，听到有人说你重男轻女，我在心里暗暗发誓，永远也不在课间围着你，和你讲话、谈心了。但我又感觉自己做不到，总想和你讲话，总想和你谈心！耿扬说，你今天中午，坐的位子边上有很多的男生，你把菜分给了男生，女生向你要，你都没给。我很伤心，这很明显，是重男轻女。管大，你为什么这样呢？记得上一次，我的桃子里有虫，你还给我吃你的桃子。为什么一会工夫，你就变成了这样？我喜欢以前的管大，我要以前的管大。

一个以前喜欢你的女生：朱冰清

小学阶段，语文老师相对喜欢女生些，女生文静，女生背诵能力强，心思细致、敏感，作文也强些。我给她回信：

我从来没有过重男轻女的想法，也不会有这样的想法，我生的是女儿，我很喜欢她。咱们班上的女生学习认真，课堂表现优秀，我怎么可能不喜欢女生呢？至于你说的问题．我要解释一下：

（1）我不可能一直坐在女生那儿，那样的话，男生岂不要说我"重女轻男"？

（2）昨天吃的是黄鳝，我不吃这东西。宣布这一消息后，男生一哄而上。女生文静，也不屑于抢，才有了这样的结局。

你说"心里暗暗发誓，永远也不在课间围着你，和你讲话、谈心了"，我很伤心，我失去了你的信任，失去了你这样一位可爱的朋友。我希望你不要听信所谓的"重男轻女"，那是个谣言。我还希望，你能做我的天使，帮助我破除那些谣言，面对这些谣言，我很无奈，很伤心，很痛苦。我发誓，我从来没有过男生女生孰轻孰重之分。

我没有重男轻女，也不会重男轻女，我拿性命担保。如果你喜欢，今天中午，即使你们把我的菜全部吃光，我也愿意。感谢你的来信，希望你以后多来信，让我了解你和同学们的学习之外的故事。

"每日素材"里，好些女生都在说我"重男轻女"，有的说我菜总给男生吃，有的说录用作文向着男生，有的引用我无意中说过的话，证明我"重男轻女"。

中午，却有男生来责问：管大，你"重女轻男"。

那几个说我"重男轻女"的女生也在，我朝她们努了努嘴，微笑，不言语。——刚才，她们还说我"重男轻女"，男生的话，是最好的解释。

"女生说管大'重男轻女',男生说管大'重女轻男',那不说明管大不轻男也不轻女吗?"一个学生总结道,我恨不得上去拥抱他一下。

老师的一个小小的举动,竟会在学生心中引起如此大的反响。看来,平日与学生的交往,无意的误解、伤害不少。"一千个读者就有一千个哈姆莱特",老师的一句话,不同学生的心里,会解读出种种不同的意味来。只不过,一些同学闷在心里,不讲罢了。

沟通,重要且必要。沟通不好,伤害情感,降低教育教学的效益;沟通好了,增进情感,提高教育教学的效益。

早上很安静,安静中好像缺了点什么。嗯,以往这个时候,闻贡源会来我办公室串门,他一向很早。今天,他没来。

八点去教室,闻贡源和晓辰领读,整个过程,晓辰做主角,闻贡源太静了,不,是沉默。

晨读后,我去教育局开会,直到吃午饭才赶回,带学生去食堂吃饭。吃了饭,批"每日素材"。这次主题"话说清明"。今年,国家规定"清明"是国假,我想让学生通过作文来了解"清明节"。批到闻贡源,我的心"咯噔"一下,早上的种种不祥之感,得到了证实。

昨天,是《班级作文周报》选稿的日子。选好的稿件,我分类放好。这个时候,最怕同学来翻本子,本子乱了,会带来很多不必要的麻烦。这个时候呢,同学最想翻本子,看看稿件上是否有大红的"稿件录用章"。我几次三番、几次三番地说,还有同学要来翻。他们的举动,我既烦恼,又开心。开心的是,他们对录用的在乎,只要在乎,他们的作文就能走上道。

课间,我推开办公室的门,里面围着一群人,闻贡源正在翻本子。我说,请不要翻,一旦打乱顺序,会给我带来不必要的麻烦。

闻贡源没有写"主题",而写了这事。

他说,他看的时候,没有翻乱。管老师说这事的时候,眼睛朝他那儿一白又一白的。他又讲，自己写了两篇作文，居然一篇也没录用，而那篇"谈《西游记》"的作文，上次作为"素材"，得五颗星，写成作文居然只得四颗半星，初选也不录用。

他说，一定是管老师看到他翻本子，故意不录用的，"我恨管老师"。

幸好看到了这段真实的记录。我向他做了三点解释：

1. 我讲的时候，没有向任何同学甩白眼，在他，紧张的心理反应吧。

2. 稿件，在他翻看前就定了；所有录用的作文，都盖了"稿件录用章"。故意不用，子虚乌有的事。

3. 为什么不录用他的作文？从质量来看，该录用，不用的原因，开学至今，他已经连续在《班级作文周报》上发表多篇，马上出版"月末增刊"，他还有专栏，考虑这些，才不用。

"教师"这个活儿，天天与学生打交道，它是一门交际学，一门沟通学。

情在"抢夺"中

离暑假还有十来天，搭班的张老师病了。

邓书婷打电话给张老师，问她下个学期还教不教大家。

张老师说，这个不好说，她教的另一个班，同学写信给校长，要求继续教他们。

这消息，风一样吹遍全班。

中午，几位同学涌进我办公室，情绪激昂，拿出一张纸条来，上面有一段话，百来个字，说要发在我们的《班级作文周报》上，呼吁张老师留下来。

"就这么几句话，怎么抵得上隔壁班那封情真意切的信呢？"

怎么办呢？大家七嘴八舌，拿不出什么好主意。

"这样吧，下午第一节语文课，进行一次征文，主题是：张老师，请留下来。第二节，我选优秀稿件，选出五六篇好作文；第三节，我亲自将作文输入电脑，排版。放学前，大家就能看到本期《班级作文周报》上，一整版呼唤张老师留下来继续教咱们班的作文。这期《班级作文周报》，送给校长，送给张老师，怎么样？"

大家都说这个主意好。

"只是，"有一点我很为难，"《班级作文周报》的四个版面已经用光了，撤下谁的呢？"

李静贤同意将自己的"小作家专栏"挪后。

征文结束，我迅速浏览，选了小英、邹铭恒、陈帅志和朱心宜四位同学的作文。

小英写了封信，回忆了张老师关心她的事，动情地说：

……听说六年级您有可能不教我们了。我难受呀，也许是我们班的纪律问题吧，五（2）班不像我们这样吵，请相信我们这些"淘气包"也爱着您，请相信我们会改正的！也许是作业问题吧，五（2）班不像我们班这样马马虎虎，请您相信这些"小马虎"也正想着您，他们会改正的！

邹铭恒说：

……过去三年里，张老师像露水一样滋润着我们，像蜡烛一样照亮着我们。"春蚕到死丝方尽，蜡炬成灰泪始干"，您是春蚕，您是蜡烛，为我们打开智慧之门。我以前作业一直拖拉，六年级我一定不会了，张老师！"

陈帅志说：

张老师，您是我们学习上的母亲，时刻陪伴着我们，您是我们学习上的支柱，没了您，我们会心浮气躁。快回来吧，张老师！

朱心宜回忆了张老师辅导她学习的往事，回忆了张老师充满鼓励的赞许和微笑：

……五年级了，从牙牙学语变成大孩子，张老师 26 岁了，成了母亲，浑身上下洋溢着母性，对我们越发疼爱，越发无奈。调皮贪玩的我们，偷走了她的笑容；偷懒不学好的我们，锁住了她的眉头；惹是生非的我们，带给她不停的怒气……几年下来，我们调皮了，我们不懂事了，我们到处闯祸，张老师放光的眼神暗淡了。无可奈何地摇头，在那乱糟糟的队伍面前；一次次的叹息，在那窃窃私语的课堂上……亲爱的张老师，是我们惹您生气。是我们！您辛勤哺育出来的花儿。是我们！您用心浇灌出来的苗儿。是我们！不争气的家伙……张老师，这些出自肺腑的话，您听到了吗？您一定要回来，这儿，有最爱您的 40 颗心……

为使专版的冲击力更强，我又选了多位同学的"一句话作文"，以"心声"栏发出来：

· 许下生死承诺：张老师，您回来吧！我们对您的感情有如滔滔江水，连绵不绝，不是吹，是事实！　　　　　　　　　　　　——葛佳玥

· 做操了，不见张老师的影子；做完操，才发现张老师居然站在五（2）班前，我的心一阵发酸，莫非张老师不教我们了？　　　　——周乐鸣

· 我保证，我们不会让您失望，我保证，我发誓，我确定，我肯定！

——朱冰清

· "床前明月光，疑是地上霜。举头望明月，低头思故乡。"晚上，我们睡觉时都在想着您，记着您……　　　　　　　　　　　——王剑鑫

· 我知道校长的意愿是让您教五（2）班，您自己也想教五（2）班。想到这儿，我伤心起来。一个好老师拱手相让，试问，有谁愿意？　——杨秋凡

· 我们上课时纪律不好，使您头疼、头晕、嗓子肿痛，可是我向您保证，我们会以一个新的面貌来迎接您。　　　　　　　　　　——王宇俊

• 张老师，您怎么还不回来？是我们太调皮，惹您生气了？是我们成绩不太好，给您丢脸了？不然，您为什么还不回来？　　　　　——濮曦

整个下午，我都被这突如其来的事占据着，也全身心地投入着，感动着，我既为同学们感动，也为张老师感动。在我身边，有这样的教育故事发生着、发展着，而我，又能参与其中，多么美妙的事啊。

终于，赶在放学前，排定，送到文印室。受学生委托，我将这期承载着同学深情的《班级作文周报》，亲自送到了张老师手里。张老师会感受到作为一个老师的幸福，"金杯，银杯，不如学生的口碑"，老师的幸福不过于此啊。

六年级。"课务公布了，张老师不只教咱班的数学，还是咱班的主任，我替大家高兴，为大家能够争取到喜欢的好老师而高兴。"

情在"板蓝根"里

板蓝根的甜香气息在办公室里袅袅漂浮。

这是小仪送给我的。

昨天，小仪蹦跳着找到我，说："管老师，明天吃午饭，你要坐在我们这边。"

"凭什么呀？老坐你们这边。"我故意和她闹。

"你，你，"小仪一蹦一跳地，像只可爱的小白兔，"你已经几天没和我们一起吃饭了。明天你一定要坐我们这边。"

"行啊。"我见她欢喜得叫起来，话锋转了一下，"不过，你得拿点什么礼物来'贿赂'我呀。"

"你要什么？"

"你想啊。"

小仪围着我，谈她的奥运福娃，说送了谁，又送了谁，又说送我一个。我告诉她，你只有一套了，好好保存着。看来，小姑娘真的在考虑送什么给我呢。

一夜过去，小仪早早到办公室来找我，说："管老师，最近感冒很流行，送你一包板蓝根，预防感冒。"

巧了。我真感冒了。连声道谢，泡了板蓝根喝。板蓝根的甜香里，回想着小仪，居然，想出这么一份别致而温暖的礼物。

鼻子凑近了闻，香气经过我被阻塞了大半的鼻腔，抵达我的心房。温热的板蓝根，滋润着我的舌，也滋润着我干燥的喉，温暖而舒适……

得病容易送病难，小仪似乎也想到了，又带了板蓝根来。我已经准备了感冒药，但我依然很感动。小姑娘走了，我不由得望着板蓝根发呆。

陶行知说，一个小孩子，把他手中的一颗糖果送给你，那是对你最大的情谊的表现。那么，一个小孩子，一天有多少的事啊，睡了一夜又会忘了多少事啊，可是她没有忘一件事，老师感冒了，要给他带一包板蓝根去，放学她这样想，晚上她这样想，早上她这样想。这，又是怎样的一份情呢？

令我温暖的，还有陈帅志和沈翔。

中午，感冒的缘故，眼皮很重，趴在桌上睡着了。醒来，陈帅志和沈翔在旁边，要批作业。次日，从他们的日记里知道，昨天，他们来交作业，见我睡着了，没有把作业本放在我桌上一走了之，而是默默地站在一边，等我醒来——

我们静静地等，等老师醒来，一旁的阿涛叫我们把作业本放在桌上，走人。我们没这样做，管老师说过，老师不在就等一下，现在老师睡着了，就等于老师不在，我们应该静静等。10分钟过去了，老师醒了。我们心里比吃了蜜还甜。真好，做一个好学生、乖学生真好。

我在博客上留言：谢谢两位懂事的男孩，这一"等"，就是你们一次成长的标志。标志着你们心里不只是装着玩耍，也装着学习，也装着老师，装着他人。

情在"寄语"里

辅导员给我纸条，要求写"新学期寄语"。可以写给学生，也可以写给老师，要评奖。开学典礼上，获奖的要宣读。学校青年教师多，我从拙作《不做教书匠》中抽取两句：

• 当你投入地去工作的时候，你就会觉出这份工作的意义和乐趣，正像你投入地恋爱时，觉得恋人是那么可爱，连那些缺点，也一并为你所疼，为你所爱。请投入地教育吧。

• 教育的幸福即人的幸福，教育的幸福是双向的。当学生感到幸福的时候，你将感到幸福；当学生感到幸福的时候，你的幸福将是几十个学生幸福的总和，一辈子书教下来，一辈子有那么多学生的幸福叠加，那种教育的幸福，将随着人生走向生命的尽头而愈显灿烂辉煌。

广播里宣布我获得一等奖时，班级里爆发出一阵热烈的掌声。

对了，班上何不也搞个"新学期寄语"？说干就干，下课前五分钟，请同学们写，三下五除二，写好了。

有的"寄语"，写给全班同学：新学期，新五（1），当流星划过天空时，我会闭上眼睛：愿五（1）班不再吵闹，勤奋学习！

有的"寄语"，写给自己：我想对自己说，上课不开小差，作业及时做，而且要细心、认真。

有的"寄语",写给关心的人:王宇俊,新学期希望你做事要冷静,不要太冲动,退一步海阔天空,你只要能让则让,就一定能交到知心朋友。

有的"寄语",对全班也对个人:希望新学期里,男女生友好相处,互帮互助;希望陈天荣能少说多做,不要夸夸其谈。

俞雪玥有一个小小的美好愿望:我衷心希望我的好朋友陈小青,不要和楼宸宏打架了。

杨秋凡的"寄语"很有穿透力:该压抑时压抑,该张扬时张扬!

小英的"寄语"很有哲理:在取得成功的道路上,我们要有三颗心:恒心,耐心,信心!

有一个"寄语",专门写给闻贡源的:闻贡源,我和你的友谊风吹不散,雨打不烂,在你困难时,我会全力帮助你。

匆忙之间,小作者竟忘了署名。我没有去查问,有些情感,有些遗憾,有些未知,或许更有滋味。我以无名的方式发了出来。

《班级作文周报》发下去,闻贡源看到了,问我:"这是谁?"

我摇摇头。我想,闻贡源肯定会找到的。一时之间找不到,不要紧;有一份美好情感的牵挂,这不也是美好吗。

情在"贺卡"里

快到元旦,张泽豪一见我就问:"管老师,你收到信了吗?"

"有啊,"我扬了扬手边的信,"喏,编辑部寄来的。"

"不是不是。"他急切地摇摆着双手说,"我写给你的信。"

"没有,没有啊。"

"那你快收到了，快收到了。"

终于，收到了他的信。信封很美，上有"感恩之荷"，打开：

管老师您好，自从您来到我们班之后，您就一直关爱我，疼爱我，我在您每节课的上课之前都很高兴，因为您总能在课上增添一分开心。自从您来到我们班，大家都有很大的进步。您在我们班快一个学期了，我真的希望您可以陪我们渡过后面的小学阶段。我在这里想跟您说一声"谢谢"。

同来的，还有沈翔的信，信中说：

敬爱的管老师，您的教学方式我很喜爱，自从您教了我，我的学习成绩有了提高，您不像其他老师，因学生成绩不好而火冒三丈，也不像其他老师把我们只是当学生。记得每当下课，我们怎样说您，您都不生气，称呼您"管老大"都不骂我们，记得您想了许多方式提高我们的作文水平，让我们热爱语文，迷恋语文，您一直在带领我们登上语文的山顶，游入作文的海底，您的教育之恩我永世不忘。

还收到了耿扬的小荷作文卡。耿扬是个细致、有创意的女孩子，卡由两页组成，扑面而来的是搞笑版：

亲爱的管子：

好呵！

祝你的房间：纸屑与灰尘齐飞，纸屑与墙壁一色。

听说你"怀孕"了，B超一看：一颗蛋！明天分娩，一个月后已"元旦"。祝明日"生蛋"快乐，"圆蛋"快乐！

你在大街上看到一堆大便，我大吃一惊，你大吃一斤！

说了那么多的坏话，拿四千万还清：

千万要平安，千万要快乐，千万要健康，千万要如意！

耿子

内页由红丝带系着，剪开才看得到里面的内容：

亲爱的管子：

您好！

您才来我们班三个月，但我们给您取的外号，已经数不胜数了。

管老大，下水管道，管子，小管管，管大……管老师，要是没有您和《班级作文周报》，我们的好作文就不会一篇篇在报刊上发表；要不是您的关心，也许就没有我们给您的纯牛奶和板蓝根；要不是您的笑容，我们就不会亲切地呼喊你"管大"，愿您成为我们"大老大"……

圣诞已过，新年在即，希望我们的管子身体健康，万事如意！

林幽

林幽是她的笔名。下方空白处，有个笑脸，"脸"上有句话：最后送您一个笑脸，天天好心情。

中午，几个女生来办公室串门，聊了些班上的是是非非。上课铃响了，大家一哄而散。椅子后有封信，署名是"经常光临你办公室的女生"。

我猜出来了，小仪。她来到我办公室，一直处于椅子后，给我玩这一手啊。卡片花花绿绿，里面的内容也是花花绿绿。

亲爱的小管管——管子——管大——下水管道：

你好！

你的到来让我们都感到兴奋。

你为我们出版了《班级作文周报》，让我的作文水平和兴趣大大地提高了，我在这里感谢你！圣诞节已经过去了，元旦将要来临，祝你元旦 HAPPY！

这些话，写在信的右上角，钢笔书写。左上角写着蓝色大字——实话实说：多次想送你礼物，却没有胆子。

左下角介绍了她的生日，右下角说：呜呜呜，要期末考试了。

下方中间，她说，为我准备了元旦礼物，送我一本书！

整张卡片的中间，四个大字：真心相对。

背面，写：啊呀呀，礼物不大，千里送鹅毛，礼轻情谊重！千万别扔掉！

——当然不扔，带回家，珍藏。

情在"生日"里

每周出版《班级作文周报》。学生得知作文录用后，输入电脑，发到我指定的邮箱里。邮箱的密码，我告诉小助手。小助手负责收发。

她们一看密码："哈哈，管老师，我们知道你的生日了。"

哦，这些鬼精灵，密码是我的出生年月日。

早上到办公室，才打开电脑，外面有人在唱歌："祝你生日快乐，祝你生日快乐……"

一听声音，小仪和顾君珺，两人唱着生日歌，走了进来，还带生日礼物。顾君珺的礼物是一个好玩的、我也叫不出名的东西——现在，同学一到我办公室，总要玩它一把；还有一个磁悬浮的转盘。小仪送我的礼物，外有包装，包装上一张大大的纸条，几个彩色大字："管老师生日快乐！"

一旁的孙在君说，管老师，我没带礼物呀。我说，你就说一声"管老师，生日快乐"，这也就是礼物呀。

他正了正姿势，说："管老师，祝你生日快乐！"

我笑着说："我收下你的礼物了。"

转眼，早读时间到了，进教室。刚到后门口，听到有人在教室里喊："管老师来了，关上后门，让他从前门走。"

后门关了起来，进前门，没什么异常。忽然，邹铭恒往我头上抛东西，是花纸片，搞得我像个新郎官。

"我做新郎时，也没有人对我这样，这个生日，我很难忘。"我说，"谢谢大家，这一刻，我收到了大家送给我的三份礼物。"

大家都在静听，我究竟收到了哪三份礼物："一、早上我进来，教室里非常安静，这份礼物，是我期盼的。二、邹铭恒代表大家撒的花纸片。三、大家看到了，邹铭恒已经拿起扫把，将刚才撒落的纸片，打扫干净了。这也是一份礼物。"

中午，我回办公室，桌上有一个纸团，打开一看，一个熟鸡蛋，蛋壳上画着图案，用水彩笔在鸡蛋上写着"管大生日快乐"。不知是谁。

"管老师，这个是100多块钱的巧克力——"周乐鸣和沈瑜捷来了，她俩的话，我吃了一惊，这么贵的东西？没想，两个女孩故意和我要着玩，"——的盒子。"

盒子里装了什么？一个"天线宝宝"。

闻贡源非要送我一个礼物，一架"水晶钢琴"。邹铭恒知道我父亲住院，要动手术，送我一辆玩具救护车，说，好派用场。

楼宸宏送我一个红包："小孩子过生日，大人都给红包的，我要给管老师一个红包。"

里面还真放了钱。我谢了他，退回红包，说："等你长大了，赚钱了，管老师老了，赚不动了，一定收你的红包。"

情在"发现"中

世界永远有丑陋和美好，关键是你的目光看向哪里。十二三岁的学生，目光很容易投向丑陋，教育要做必要的引导和矫正。

这周，"每日素材"的主题为：班级里的温馨一幕。

有同学叹息，哪有"温馨"可写？

"要你去发现，去感受，也要你去创造。"我答。

作文，不只是作文。作文中，我们可以更好地生活，更好地扬起真善美。

当天，我讲述了自己看到的两件温馨的小事：

1. 陈一言跑得快，快要撞上我了，他赶紧刹车，结果自己摔了一跤，爬起来就向我说了声"对不起"。

2. 课间，陈天荣一直在做"漂流书"的工作，换书的同学自觉地排起了队，没有声音，没有争吵，很温馨。

"班级里，有很多的美好与温馨，我们只是没有留意她，一晃，她溜走了。只要你留意，班上一定有不少值得你感动、温暖的事。"我说。

果然，这一周，读到了很多的"温馨"——

邓书婷说，交作业的时候，闻贡源的书包不知怎么的，掉了下来，很多人经过，都一跨而过，王心怡走过，轻轻将闻贡源的书包拿起，放好。

朱心宜说，早上，天气冷，她没多穿衣服，打起了喷嚏。葛佳玥见了，脱下自己的外套，给了她，吴新伊见了，也把衣服脱下来给她，她很感动。

庄陆凌说，王宇俊和赵诣在玩抓人游戏，赵诣追王宇俊，不小心摔倒了，王宇俊马上过去，说："对不起，你没事吧。"

张泽豪说，吴新伊的视力不好，看不清黑板上的字，同桌杨秋凡默默地将自己的眼镜拿下来，递给同桌。

耿扬说，音乐老师让赵诣唱歌，同学们听着听着，自然而然地跟着轻轻哼唱，这个场面太好了，音乐老师都忍不住鼓掌了。

吴新伊说，朱心宜去开会了，丁老师布置了作业，她很担心朱心宜不知道做什么作业。谁知，朱心宜的同桌早在她的书上，做上了记号，她很感动。

周乐鸣说，她和同学闹矛盾，沈瑜捷说："没关系，我会陪你走完这条路的。"放学的时候，沈瑜捷还将早点分给她吃，她感动得差点哭了。

大家记录的温馨故事，我都及时与大家分享，教室里很安静，也很温馨。当大家的眼睛去搜索这些画面的时候，视角的变化，也正悄悄影响着内心的变化。

世上有那么多国家，我们都在中国；中国那么大，我们都在江苏；江苏那么大，我们都在苏州；苏州也不小，我们都在吴江；吴江有那么多乡镇和学校，我们都在一个学校；一个学校有几十个班级，我们同在一个班，多难得的缘分。怎么珍惜缘分？多发现、多创造班级的温馨故事。

同学有什么喜事，考试考得好，班主任表扬，我会送上"祝贺"二字。同学的生日，送上"祝你生日快乐"，事后才知的，说一声迟到的祝福。学生有了伤心事，我在一旁画个大雨滂沱的头像……作业本、日记、周记本，成为我和学生情感交流的平台。

情感就是在这一点一滴中，慢慢累积，发酵，散发芳香。

手记五：一线"育人学"

进教室，总能看到纸屑一片片躺在地上。为什么我一下子看见了，那么多同学却没有看见呢？我心里装着"干净""整洁"。一线教师和学生天天亲密接触，只要你心里装着"人"，而不只是知识和考试，你就会发现，一线育人的机会如此的多。一线育人的故事多了，学生才不会把你看作只教书的教书匠，而把你看作教书育人的老师，你的教学效果也必将在教育的保护下，得到更好的推进。

一线"育人学"，也是一线"故事学"。语文教师、数学教师、英语教师、体育教师、美术教育或音乐教师，一线教师应该成为有着一肚子教育故事的人。一线教师，千万别把自己看作一个纯粹的知识传递者，纯粹的知识传递者，知识往往也传递不好。

每天让妈妈笑一笑

三八妇女节那一周，我要学生每天逗妈妈笑一笑，"每日素材"简要记下来。双休日，选一两个"笑"，写成作文。

同学们各显神通——

陈天荣将英语成绩给妈妈看，一看到好成绩，妈妈笑了。

吴新伊的作文初选录用，回家认真修改，读给妈妈听。听着听着，妈妈笑了，笑得"那么甜，那么美，如同春日里温暖的大太阳"。

傍晚，陈一言冲过去夺下妈妈手中的包，挂好。妈妈笑了，沙哑着说："孩子，谢谢你。"

朱心宜和妈妈谈学习的目标，表示目标要转化成动力，妈妈笑了。

王心怡最喜欢吃肉圆，只剩两个了，她挑了小的，大的给妈妈，妈妈笑了。

顾君珺将妈妈买给她吃的八宝粥，热了一下，跟妈妈一起分享，妈妈笑了。

戴天仪的一句"妈妈我爱你"，妈妈笑了，一把搂住了她。

杨秋凡给妈妈洗头，妈妈笑了。

晚饭后，戴岑容说，碗由她洗。妈妈不敢相信："真的？我没听错？"笑了。

邹铭恒，绝，请爸爸亲妈妈一口，妈妈笑了。

庄陆凌帮妈妈盛饭，帮妈妈盛汤、夹菜，妈妈笑了："今天儿子怎么这么乖？"

一位同学在作文中写：母爱无边，即便儿女最渺小的回报，也会让妈妈感到温暖。

一位同学在作文中写：母亲的心很大，恨不得自己的孩子能够成为世界第一；母亲的心又很小，只要儿女们一点点的关怀，一点点的爱，母亲小小的心就盛满了……

这是作文，何尝不是育人？

礼貌发电子邮件

学生写作文，向《班级作文周报》投稿，录用后，自己输入电脑，发到我的邮箱。每次打开同学发来的作文，心头滚过一声轻叹，少有同学向我问好。除了习作，什么都没有。

每期《班级作文周报》，都会评出佳作，邮给全国各地的小学生报刊。发邮件，我都会写上简短的话，如：

•尊敬的编辑，再次将学生稿件发给您，请您审阅，麻烦了。祝您国庆好心情。

•尊敬的编辑，谢谢您的审阅，期待着您的欣赏和关注，您的欣赏和关注，将焕发孩子巨大的写作热情。

不仅是礼貌，也是必要的交流。难怪有一位编辑回信说，每次读你发来的学生习作，总很温暖，很开心。我也在温暖的交往中，结识了一批编辑。

我在班级的电脑上，打开邮箱，《少年智力开发报》韩编辑发来的信：

管老师：

您好！您推荐的一组稿件"出国旅行"已被采用，报纸印出后立即为您寄发样报。非常感谢您一直以来的支持，祝您和同学们双节愉快！

日安！

韩荣蓉

《少年智力开发报》，头版喜欢发一组有主题作文。暑假里，好些同学写了去国外的事。我编在一起，发给韩编辑。韩编辑的来信，尽管简短，却完整，读来心情舒畅。

又打开闻贡源发来的稿件：

管老师：

您好！我发了本期《班级作文周报》的稿件。我已认真地反复地修改过了，麻烦您再帮我看一下。谢谢了！

您的学生：闻贡源

我说，发电子邮件要有礼貌，就像刚出示的两封邮件，挂上附件，一般写上一两句话，哪怕客套话。客人要走，说一声"再见"，是客套，也是礼貌。至于是不是再见，想不想再见，另外一回事。

"或许，我没时间给每一位同学回复，但我期待着，同学们发邮件给我，能写一两句温暖的语句。这不只是对老师的尊重，也是邮件时代交往中必要的礼仪。"我说，"就像很少有编辑给我回复，然而我每次投稿，依然会写上问候。我知道，编辑每天都要收到很多的来稿，不回复，完全可以原谅。"

我常常以"没时间""太忙"为理由，没有给每一位同学回复。后来，我认识到了问题所在。对于学生而言，"言传"的效果不如"身教"。学生发出的每一封邮件，都得到了老师的温暖的回复，那么，学生也就不好意思不写上几句问候了。每周，我也不过收到十七八位同学的作文，我的打字速度不慢，一些礼貌性的回复，还可以复制，如"你的作文收到了，祝贺你又一次发表，管老师期待你的下一篇佳作哦"。

对于老师而言，回复邮件本身，就是教育。我不再有托词了。

陈一言的"对不起"

有同学对陈一言的"对不起"，看不惯。他怎么老说"对不起"，左一个

"对不起"右一个"对不起"。我说："陈一言，你大胆地'对不起'，有美国最优秀的教师克拉克的话为你撑腰：别人碰撞到你，不管你有没有错，都要说对不起。"

我在博客上发了美国优秀教师克拉克的"55条"班规，其中一条："别人碰撞到你，不管你有没有错，都要说对不起。"到日本、英国去的人，回来说，外国人总在说"对不起"。这就是礼貌，这就是绅士。我们班的陈一言就很绅士，班上，说"对不起"最多的人，是他。昨天，陈一言的语文书忘在我办公室了。放学时来拿，结果，连我的书也拿走了。等他发现，已到家了。他给我电话，说"对不起"。

有的时候，语言的攻击力比拳头的攻击力更大，一个是伤在肉上，一个是在心上。同样的，温暖的语言比太阳更能化解冰冻。一声"对不起"，能够消除很多生活中的摩擦、误会，甚至打斗。

我也分别向沈瑜捷、陈天荣说了"对不起"。沈瑜捷的"素材"没写，我很生气："录用的作文不用打了。连常规作业'素材'都忘，取消录用。"

事后，我向她道歉，收回生气时说的话。

陈天荣呢，课堂上做练习，他怪叫，意思是怎么又做练习。

"既然你不愿意，那你就不用做了。"我说。他真没做。事后，我也向他说了"对不起"，尽管他不该在课上怪叫，我这样处罚也不对。

说了"对不起"，我轻松多了，原来，道歉，说声"对不起"，有着这样的作用啊。

我提议大家：明天起，你也和"对不起"交朋友吧。

为对手喝彩

《班级作文周报》上，有耿扬的《猜谜乐》和朱心宜的《午间字谜乐》，两篇作文，同一件事，不同的文字，不同的味道。我问班上同学："你支持哪一篇？"

"支持耿扬的举手！"一部分同学举手。

"支持朱心宜的举手！"一大部分同学举手。

我评价，朱心宜，100 分；耿扬，100.5 分。说实话，我分不出高下，只是支持朱心宜的多些，我支持了耿扬。

不能忘怀的，耿扬手举得高高，支持朱心宜；朱心宜手举得高高，支持耿扬。两人都由衷地为对方喝彩。

想起了高考作文题"为别人喝彩"。找来，读给大家听：

"为别人喝彩，是一种智慧，是一种大家风范，是一种人格修养，但又何尝不是一种激励，一种藉以迈向成功的阶梯呢？"

"为别人喝彩是建立在对别人充分肯定的基础上的，肯定了他人，也就有了充实自己的欲望，这就成为一种激励，促使自己不断地向着美好事物前进。"

"真正懂得为别人喝彩的人更应该明白'见贤思齐'，这样他从每一次喝彩中都得到一种激励，明白一个道理，吸收一份营养。这样的点滴终将会聚成浩瀚的大海，更加深邃，更加丰富，更加透彻，更加通悟。"

"为别人喝彩是全方位、多方式的，为别人喝彩不只为别人成功的精彩而鼓掌。失败者同样值得喝彩，飞蛾投烛的悲壮值得喝彩，羝羊触藩的执着同样值得喝彩，只是喝彩的方式要做些改变。我们的眼神中流露出对悲剧英雄的肯定，他们冰冷的心会感到一些温存、欣慰。再看看我们自己，我们从失败者的身上学到了更多的东西。"

我说，耿扬和朱心宜，就是懂得为对方喝彩的人。

澳洲学生的故事

暑假里，6 位同学访问澳洲，在澳洲的伙伴家住了三夜。这次，澳洲的伙伴回访，住中国伙伴家，三夜。

女儿作为另一所学校的代表，也去了澳洲。这次，澳洲小姑娘坎蒂丝住我家，有些事印象很深。

头一天下午，我们去接坎蒂丝。爱人开车，我坐副驾驶室，坎蒂丝和我女儿坐后排。坎蒂丝刚上车，来了句我听不懂的英语。女儿及时翻译，问保险带在哪儿。后座的保险带，我们一直不系，两个插口都掉下去了，一时找不着。我赶紧到后座，将插卡找出来，系上。上车，坎蒂丝一定先系保险带。人家的汽车文化、交通意识，真叫人惊叹。

第三天下午，去古镇同里，我们买了中国糕点，给坎蒂丝尝。有一种青团子，吃的时候要用牙签，吃过，坎蒂丝一直把牙签拿在手里，不知丢哪里好。原来，明清街上没有垃圾桶。我就要过她的牙签放在手提的垃圾袋里。手里拿着垃圾袋，不爽。看见旅游值勤人员，问，有没有垃圾桶。他们说没有，你放拐角上，会有人来扫。我照着他们说的，将手里的垃圾袋放拐角处。女儿过来对我说：刚才坎蒂丝看着你放垃圾袋，从眼神来看，她很不满意。糟，又丢咱中国人的脸了。

两个故事，讲给大家听。讲到这里，我顺手拣起教室里的纸屑之类说："澳洲小朋友就在我们校园里，这么多垃圾在，脸，丢到国外去了啊。"

一刹那，大家都在查看身边的垃圾。

一人胜过一组

早上，两个垃圾桶满满的，昨天的值日生没倒。讲台边，一张硕大的废纸耷拉着，红色的塑料袋醒目地躺着。

我找来值日组长。阿涛承认，垃圾没倒，地没扫干净。

按规则，组长负责分工、检查和督促。组员不服从，组员不好好做，那是组员的责任；组长不好好督促，检查，组长的责任。组长阿涛负责，今天的值日阿涛一个人做。国有国法，家有家规，班有班规啊。

次日一早，我到班级，阿涛向我汇报，说昨天的值日，他一个人做了。

"管老师，昨天我一个人做完值日，到传达室，一看时间才5点15分。前天，我们一大群做，我到传达室一看，时间是5点18分。我一个人做，反而快了3分钟。"

课上，我请阿涛介绍了他的奇迹，大家默不作声了。

"台湾作家柏杨写过一本书，名叫做《丑陋的中国人》。书中讲了中国人的种种坏习惯，其中有一条：不合作，起内讧。一个和尚挑水喝，两个和尚抬水喝，三个和尚没水喝，说的就是这意思；一个中国人是条龙，两个中国人是条虫，说的也是这意思。"

好几个同学笑了起来，这笑使我担忧。我说：

"阿涛一个人的值日速度、值日质量，超过一组人一起值日的速度和质量，我是笑不起来的。这背后所蕴藏的不合作，'两个中国人是条虫'的丑陋，我实在笑不出来。"

教室里，没有笑声了。

谁是无名英雄

讲台上多了一盆水仙花。我问谁拿来的。

大家说不知道，他们还以为是老师拿来的。

"无名英雄啊！"一个同学嚷道。

"这个人，一定是我们班的，一定在我们中间。"我说，"让我们以热烈的掌声，对他表示敬意！"

我看了看讲台上破烂的纸粉笔盒，半开玩笑道："要是有无名英雄，送老师一个漂亮实用的粉笔盒，多好啊！"

第二天我出差。第三天，进教室，看到讲台上的粉笔盒，白铁皮精心做成的，我问谁送来的，大家又说不知道。

我严肃、认真地责令班长："课后，组织几个同学，成立个六（1）班'无名英雄'侦察小组，非把无名英雄抓出来表扬不可！"

大家都笑了起来。送粉笔盒的同学，一定也在其中笑，他或她，会笑得比任何人都甜，都美。

我没有告诉学生，那盆水仙，是我悄悄放上去的。我只是没有想到，那个粉笔盒出现得那么快，昨天晚上我还在琢磨，要是没人送粉笔盒，我是不是该再充当一回无名英雄。

那个送粉笔盒的同学是谁，我不知道，对我而言，这不太重要。

元旦那天我又耍了个戏儿，偷偷在教室门上贴了个金光闪闪的"福"字。

第一个到班级的阿涛说："我一来就看到门上的'福'，同学们来了，都说是我贴的，我好冤枉哪。"

归少东说："门上的'福'字真漂亮。不知谁贴的，我左问右问，问不出个所以然。"

"我已经评了五位'我的感动学生奖'，第六位，就是这位没有留下姓名的同学。这个世界上，能够不计较名利，做有利于大家的事的人，越来越少。一个'福'字，从钱的角度来看，一两块钱，钱的背后，却是他把班级放在心上，把班级当作自己的第二个家。"课上，我说，"就像今天做眼保健操，吴新伊默默地拣起了后面的废纸，没有人要求她这么做，大家也没有看到，这个小小的举动里蕴藏的情和意，我感动。有一首歌唱得好：只要人人献出一点爱，世界就将变成美好的人间。小而言之，只要我们班人人都献出一点点爱，人人都像他那样，咱班将越来越温暖，而不是像今天早上我见到的，空了的纯净水瓶横倒在教室里，没人想着扶一把。如果每个人都能像贴'福'字的同学那样，班级就一定会很干净，很美好。"

这，才是我贴"福"字的真正用意。

"做了本身"就是最好的奖赏

放学，我去教室找小英，环视教室，不禁皱起了眉头：值日生忘了把椅子翻下来，陈一言座位下，一大堆垃圾，没扫。查看值日表，沈翔组。

晚上，我和沈翔通了电话，交流了所见所闻："明天早上，你早点到，同学到来之前，椅子翻下来，垃圾扫掉。"我也请他电话通知值日伙伴。沈翔接受了我的建议。

次日，我到班级，沈翔他们已经干得火热了。他们刚做好，来了一部分学生，我说："沈翔们用劳动带了个好头，你们用安静阅读带一个好头。"

教室里安静下来，大家拿出书，看了起来。

晨会前两分钟，我说："早上，沈翔组的同学，昨天值日不干净，早早赶来，再次值日。在一个干净整齐的教室里学习，生活，那多好。沈翔在一些死角里扫垃圾，我很感动；归少东用抹布擦饮水机下的脏地皮，我很感动；陈一言用手抓土沫子，我很感动。"

"老师表扬，他们觉得快乐。其实，不表扬，他们内心一定也很安详，安详之中有一点甜。昨天，我去超市买东西，结账的服务生可能遇到了不称心的事，将空购物篮用力扔到我边上。我将篮子捡起来，轻轻放好。地上还有几个篮子，歪着，我将它们整齐地叠好。做这些力所能及的小事，我没有失去什么，我心里很舒畅。我已经有了回报，那就是'内心的舒畅'，我考验了自己的素质。那么多人，都不做这样的事，至少在这件事上，他们比我差点儿。"

"我刚来时，教室里比较安静。大家都在为后面的同学做好榜样。后来的同学可能没有注意到，没有继续为后面的同学做好榜样。如果我们每一个先来的同学，都能为后面的同学做好榜样，这本身就是对你的奖赏，你是榜样啊！如果我们每一个同学都这样做，那么咱们班就为隔壁班做好榜样，甚至，为整个学校做好榜样。"

说到这儿，我发现一些同学的眼里闪闪发光，那是跃跃欲试的光，那是期盼着明天辉煌的光。上课铃响了，班主任来了。我走出教室，心情很轻松。尽管这些并不是我一定要做的事，我也并不能因此而获得什么奖励，但做了本身，就是对我最好的奖赏。

"寒假作业"事件

小英说，寒假作业放在旧书包里，她妈妈以为没用，扔掉了，没了。

家长不会粗心到这程度呀。她说谎？不像，挺文静、挺老实的孩子。

小英的"每日素材"，写了妈妈扔掉寒假作业本的事儿。我信了，打电话给她妈妈，确认一下完事。没想到，她妈妈肯定道："没这回事，肯定没扔，她的本子，我一本都不会扔。"

中午，操场上，小英和戴岑容、姚昕怡一起玩。我走过去，小英一蹦一跳地走开，我在后面喊，她装作没听见。她故意避开我。我赶上去，问起寒假作业，她说做了，丢了。

"你妈说没有扔。"

她支吾起来。

我追问，小英很窘迫，很紧张，双手绞着衣襟，她终于承认日记是编造的。一个寒假，作业没完成，没法向老师交差，心情可想而知。我很同情："回家找找。找得到就找，找不到就算了，不用补。不过，从今天起，每一项作业都要认真做，不拖拉，行吗？"她用力地点头。

回办公室，碰到丁老师。丁老师说，小英妈妈刚来过，拿了语文、数学、英语的寒假作业本来，全空白。

"昨天，英语寒假作业缺一本。由于不少人没写名字，大家上来找。小英也拿了。蔡张胤找不到交了的寒假作业，从我那儿拿了本新的，补做。看来，小英冒领了。"

不怪丁老师怀疑，昨天，小英冒领陈小青的数学寒假作业本，也被当场戳穿了。

恰好，蔡张胤拿来了补做的寒假作业本，一对笔迹，小英冒领了他的。

傍晚，小英妈妈带着女儿来我办公室，要她向我解释、道歉。之前，妈妈已经领着她去丁老师、张老师那里了。小英妈妈的脸色很难看，我让她妈妈先出去，我和小英单独谈。

我问她，为什么没有做。

小英说，看电视、玩电脑过了头。爸爸妈妈只是口头问问，她就说做好了。到开学，做也来不及，只好抱起说谎的念头。老师说她没交，就咬定交了、肯定交了。恰好，很多同学没写名字，她趁此机会，拿了别人的本子，写上自己的名字。

"这几天是不是担惊受怕的？"见她点头，我说，"做这种事，心神不定，担惊受怕，这就是上天对你的惩罚。现在，事情暴露了，你的内心或许反而比前几天安静了，这就是上天对诚实、对接受现实的人的奖励。"

我没要她补。数学要补，英语要补，加上正常学习、作业，她的作业速度原本就慢。

"只要你将每一天的语文作业，都及时完成，那就是最好的补过。"

此刻的小英，犹如处在寒风之中，没有谁像她这么急迫地需要温暖。我以《班级作文周报》的名义，向她约稿，期望能够以发表的方式，肯定她，激励她。我也期望她能够用笔写出来，一方面，她的感受太强烈了，肯定能写好；另一方面，我期望她能用文字的方式，勇敢地表达出来，勇敢地面对此事。

她不肯写，说：同学看到作文，会不会背地里说她坏话，回家会不会告诉家长；其他老师看到了，知道她是这么一个不懂事的坏毛孩，会不会都不喜欢她。

她说，这些日子，她走在学校里，走在校外，时不时感觉有人在看她，议论她。她又责怪自己，觉得自己好自私，为了面子，不敢勇敢地站出来。她说，她很想哭。她也追问自己：管老师对你抱那么大希望，给你那么多机会，你呢？

她说，她会永远把这事永远放在心上，再也不忘。

我说，也许勇敢地面对，勇敢地站出来承认自己的错误，会获得更多同学的宽容和谅解，会获得真正的解脱、平静和安详。把阴暗藏起来，阴暗将更阴暗，阴暗将阴暗得更久更长。

小英将此事一点一点地写在"每日素材"上，只是不想发表出来。"每日素材"，只要写三五句话，她写了一页多，我夸："真没想到，小英变化这么大，学习、作业变得这么主动。我相信，小英一定会吃一堑，长一智的。加油！"

我向她约稿，打算连续约三次，给她成功的喜悦，以恢复自信与自尊。

教导处来电话，要我国旗下讲话，主题是读书。每月，我们都评选"班级阅读之星"，每月都写"阅读名言"，我的确有感受。又想，自己吹自己，不太好，与李校长商量，由她讲，材料我提供，她答应了。

上一个月，8位同学的"阅读名言"入选《班级作文周报》。原想，请这8位同学，当着全班同学的面，朗读自己的"阅读名言"。李校长说，人太多，无线话筒的有效距离不够，不能在同学间传，选两个代表读。

8位同学都想去，小英是其中之一。机会平等，我们常采用抽签方式，决定谁参加。愿菩萨保佑小英。

兴许菩萨显灵，小英真抽上了。由她作为代表，朗读同学们的名言。我叮嘱她一定要读熟，读流畅。

你听，操场上，响起了她清脆的声音。

给点时间选"答案"

陈帅志的朗读，缺家长签名。帅志说："我去读给同学听。"一会儿，他来了，晓辰签的名。

课文比较长，读一遍，要七八分钟，从办公室到教室，一来一回，也要两三分钟，加一起，至少十分钟。我笑着说出了怀疑。帅志说"真的读了"，就急匆匆打篮球去了。

我对着这个篮球队长的背影喊："把握好打篮球的度，领好头。"他停了一小会，走了。

两分钟后，晓辰来，也是朗读课文，帅志签的名。我明白了："你和陈帅志，两人没读就签了？"

他不说话。有一道错题，他忘了订正，我顺势说："你回教室订正，回来再说。"订正的时间，给他以思考。

晓辰回来，签名变成了蔡张胤。我懂了。办公室有好几位同学在，我同晓辰耳语："陈帅志的签名也是假的？"

他点头。桌上有喜糖，我奖了他，他开心地走了。他的开心不只为一粒巧克力糖，而是战胜了自己的不诚实，因诚实而充实，而轻盈，而轻快。

快上课了，遇到帅志，问他："你真的读了没有？"他不说。我让他放学后，再来告诉我答案。课上，帅志的眼神有点恍惚。有一个重大的问题在他脑海盘旋。没事。比知识更重要的，是心灵，是品性，是德行。

放学了，陈帅志如约而来，承认是假签名。当晚，他写了日记：

答　案

中午订正回家作业本，发现朗读课文没签名，本想读给老师听的，不巧碰上吃饭时间，老师叫我吃完饭后，读给他或同学听。

吃完饭后，我准备读给同学听。教室里只剩下我和晓辰，我问他在做什么，他也是课文没签名。我便开始筹划，想跟他串通一伙，互相签名，我问："晓辰，我们读课文都没签名，你帮我签，我帮你签，交作业时，隔个几分钟去，不是两全其美？"他答应了。我大悦，不用读，还可以让同学签名，天无绝人之路啊。我拿着作业本，交给管老师。到了管老师办公室，管老师正在录入作文，他拿到我的作业本突然转过头来："你刚才来过我的办公室，一篇七八分钟的文章你只读了五分钟？你读得滚瓜烂熟了？"我愣了一下，非常害怕，我根本没读。老师又说了一句："是不是想打篮球了？领导好大家打球。"

我极度不安。怀着忐忑不安的心情打球。打了一会儿，我心神不宁，感觉有一件大事即将发生。早知道，就不骗老师了，搞得心情焦虑。一个课间，管老师出现在我面前说："傍晚放学后，来我办公室。"

从管老师的眼神里，我知道是为读课文的事。放学后，说第二次谎，还是说实话，这艰难的抉择让我一片混乱。

时间不等人，转眼间 5 点钟了，我心中还是没有一个正确答案。

"May I come in?"

"进来。"管老师正在和同学们讲一些事情，趁这个机会，我继续思考。脑海里浮现出三年前张老师说的话："老师最不愿意看到学生的不诚实。"又浮现出妈妈在我很小的时候说的话："诚实才是妈妈的好孩子。"我心中有了一个答案——说实话。管老师也似乎看出我的心思，我刚想好，他就问："到底读了没？""没读。"管老师对我微笑："有答案就好。"

我本以为有惊天大事发生，却因为诚实而避免了，心中的巨石也终于落了下来。

推荐到《吴江日报》，过了两周，发表了。我请帅志读给大家听，他一脸的兴奋与幸福。我高兴，不只为他精彩的作文，更为从作文里看到了一个阳光男孩。

"大连跳"事件

中午，男女生玩"大连跳"。"大连跳"，两同学甩绳，其余同学排成队，一个接一个跳，看能连续跳多少个。

男生每次能跳 20 个左右，女生那边喊，连跳了 42 个。男生不服气。我正在操场溜达，见状，说："你们跳，我做证人。"

第一轮，男生跳了 15 个，女生跳了 15 个，平局。

第二轮，男生卡在第一跳上，女生哄笑。我示意女生，让男生重跳，男生跳了 9 个，女生跳了 16 个，女生胜过男生。

男生说："你们不是说跳了 42 个吗？有本事，跳出 42 个！"

女生来了劲，发誓一定要跳出 42 个，前提，男生不能干扰。"我维持秩序，我做证人。"晓辰在我身边，我请他作为男生代表，与我一起作证。

女生一个接一个地跳，一连跳了 36 个，节奏依然很稳，看来 42 个没问题。晓辰见了，上前拉甩绳的李静贤的手，这一来，全乱了。我质问晓辰，他振振有词："又没规定不能上去拉人！"

男生那边，把晓辰当成英雄，哄起来了，对着女生面红耳赤，什么"单挑""打呀"，不绝于耳。我很生气，不给他们当证人了。

我去了教室，小醢在。想起阿明的作业，请小醢到操场叫阿明。一会儿，小醢气喘吁吁地来，说："管老师，我不能叫阿明了。男生和女生都吵起来了，谁敢喊啊。"

回到操场，果然，剑拔弩张的。我跟班主任说，别跳了，回班级吧，这样下去，只会跳出更大的矛盾。

到班级，大家坐好，我说："这个时候，我表明态度，是不明智的，不管支持哪一方，都会有另一方不满。但我必须要说，把我看到的、想到的说出来。"

我把晓辰拉手的事、拉手后的回答，说了一遍，问："这回答是什么意思？你们谁能告诉我？晓辰你能不能告诉我？"

"如果你们不能给出答案，那么我给。这个回答叫'赖皮'！"我提高了嗓音，"赢得起、输不起，是咱们男生现在的胸怀，我瞧不起这种胸怀！"

教室里静下来了，我也不想再多说什么了。

下午的语文课，教室里余留着未散的气息。一了解，个别男生出台了所谓的《男生公约》，以后不理睬女生，谁理睬女生，谁就不是男子汉。

"我批评男生，有过头的地方，对不起。作为男生，作为男子汉，那不是由你的身高决定的。"我缓了一下声调，说，"前不久，我们学《大海中永生》，邓小平，不高，被称为'打不倒的东方矮个子'。男子汉的标准，是他的气度和胸怀。这些气度和胸怀，不是等你大了，自然而然就有了。一个男子汉的胸怀，要从小做起，时时刻刻记住，我是小小男子汉！"

我将此事写成文，发在博客上。

男生杨秋凡留言："我向全体女生道歉。我并没歧视女生、辱骂女生，只是为死不认错的男生赎罪。赵诣、徐泽辰、瞿伟琪、陈帅志和我认为，男生是错的。当然，和其他男生比我们这也不过是五十步笑百步。"

女生李静贤留言："杨秋凡，我们不怪你，要怪只能怪那些小肚鸡肠的人，一开始我们跳 11 个的时候，陈天荣讽刺我们太烂，我们跳了 56 个，你们却这样！"

男生朱立凡留言："对不起，我们男生不该输了就与你们斤斤计较，非常抱歉，我替所有男生感到难为情，男生们，我们应该拿出男子汉的风度和胸怀。"

男生陈一言留言："全体女同学，我陈一言向你们道歉！对不起啊，错了！"

女生周乐鸣留言："我觉得不是所有的男生错，像那些实施《男生公约》的男生，是有错的。回到教室里，我同桌就说，要男生女生和睦相处，这是最好的方法。"

我留言："昨天中午，我看到一群同学在走道上'大连跳'。下着雨，雨丝飘到走廊上，走廊里都起了薄薄的积水。按理说，这么滑的路，不能'大连跳'，有个万一，我，见到而不加制止的过错，无法逃脱。但我还是允许每个同学跳两个，我呢，站在一旁观看，维持秩序。为什么？这群同学中，有男生，也有女生，男生和女生一起玩得很开心，没有丝毫的意见，这一幕实在很温馨。"

一直死不认错的邹铭恒也发言：管老师，尽管不都是我们的错，您来之前还有您不知道的事。但我还是要向女生道歉的，我们的确太过分了。

手记六："自立学"

一线带班，常会遭遇矛盾与纠纷。一些矛盾与纠纷，见而不管，时间的风一吹，散了。上午面红耳赤，挥胳膊动拳头，下午哥俩好了。一些事件，时间的风吹不散，得管。这类事，尽可能自己管，不要轻易将"管"的权利，交给班主任。这是锤炼咱一线教师处理教育事件能力的好机会，处理好了，咱在学生面前的威信立起来了。一有矛盾或纠纷，丢给班主任，表面看，轻松自己，麻烦班主任，实际上，增长才干与威信的机会，也丢给了班主任。

班主任的威信比任课教师高，原因是班主任经常处理同学的矛盾与纠纷。每处理一次，学生就增一分"敬"，你就增一分"威"。一线教师要建立自己的威信，就要有"独立"处理教育事件的意识和能力，能力不会自动跑到你身上来。能力从实践中来，从担当中来。

"偶像"之争

仿佛一夜间，很多同学有了自己崇拜的歌星。

这个吴尊，那个炎亚纶，再个汪东城或金桢勋、金基范。他们乐此不疲地谈论着谁更帅气，房间里贴上了歌星们的海报，印有歌星头像的贴花纸贴在书包上、挂件上、文具盒上。

他们哼唱着偶像的成名曲，他们哼唱着偶像的最新单曲，他们搜集着偶像的最新讯息，他们以偶像的认同为择友的要素之一。两人崇拜的歌星一致，就会有说不完的话题，交换着彼此得到的信息，顷刻间成为好友。两人崇拜的歌星不一致，请遵守"井水不犯河水"原则，要不然，很轻易地，就引发一场唇枪舌剑。

班上流淌着飞轮海的歌声，汪东城的歌声，S·H·E的歌声……一些同学带来了MP4，下课就听；一些同学带来歌星的签名照片、唱片，围着他转的人一大圈。

几个女生特崇拜吴尊和炎亚纶，男生来劲了，冲她们喊："炎亚纶是pig！""金桢勋死了！"炎亚纶、金桢勋的忠实粉丝，不，钢丝，气得暴跳不已。课间，男生将辱骂女生的偶像的话，写在黑板上，女生急着上去擦，忙着跟前桌、后桌及同桌吵，不可开交。一位同学来报告，某某哭了，她文具盒里的偶像大头贴，被画成了鬼脸。

由歌星偶像引发的班级战事，接连不断。

一篇作文惹的祸

小仪对追星有自己的看法，写成了作文。文中写：

• 追星不是不可以，可不能追过了头。……说炎亚纶是猪，炎亚纶真是猪吗？金桢勋死了，金桢勋真的死了吗？只不过语言上的一点打击罢了，值得这样吗？

• 每个人有不同的观点和看法，难道你喜欢炎亚纶，就要全地球的人都喜欢他？难道你喜欢金桢勋，就一定要全地球的人没有自己的观点，张口闭口说金桢勋的好话吗？

• 人，终究是会老的。某一天，炎亚纶、金桢勋他们变得很老了，你们还会像现在一样为他们付出吗？明星就是流行，老了，就会过时，又有什么必要去为他们和同班同学吵得不可开交呢？

不少女生追星是有点过头：只要你说一声，她们的偶像长得帅，歌唱得好，就给你一个拥抱，视你为好友；反之，视你为异己。小仪的作文来得恰好，我将它发在《班级作文周报》上，让班报说话，立起一股正确的舆论导向。

此文发表后，引发巨大反响。由于文中列举的炎亚纶、金桢勋，是班上几名很有影响力的女生的偶像，她们激烈的措辞，一反我以往印象里的文静与通达：

• 歌星为我们付出了那么多，唱了那么多歌，而我们却什么也没有付出！

——这是什么言论呀？歌星唱歌，跟教师教书本质上是一样的，各自的工作而已。

• 我们崇拜歌星，他们不仅歌唱得好，他们人品好，人格优！

• 这个世界如果没有歌星，将暗淡无光，崇拜歌星，使我的生活充满阳光。

• 到老了，我照样喜欢炎亚纶、喜欢金桢勋，他们是完美的替身！

偶像，蕴藏了一代人的价值取向。全中国的学生都在迷歌星，一个巨大的、现实的教育问题。汶川地震，不少影视明星去慰问，学生见明星来了，蜂拥而上，兴奋异常，嚷着要签名，完全忘了灾难和痛苦，令组织者尴尬，也令教育界尴尬。

不只言辞上的激烈。几个女生看了作文，围着小仪辱骂。个别女生，散布一些不利于小仪的小道消息，人格攻击，说她偷过东西，是小偷。

在这些颇有"影响力"的女生的围攻下，小仪孤立无援。我必须尽快表明态度，必须坚决而清晰地表明我的支持态度，我在《班级作文周报》上指出：

"歌星，指唱歌唱得好的人，作为听众的我们，主要欣赏他们唱歌。正像你欣赏厨师的手艺，喜欢吃他们做的菜。超过这个范畴，就是迷。为一个歌星吵闹，失去六年的同学情谊，那就是迷过了头。为他们去攻击同学，那就是迷昏了头。"

"我们班有的同学，在对待歌星偶像这件事上，确实迷过头了。有人在一张印有歌星的纸上，戳几洞，你气得掉眼泪，这说明，你的情绪已经被歌星左右到这程度，说明你迷过头了。"

"小仪的作文一发表，一些同学围攻她，说明这些同学也迷过了头。不迷过头，不会有这样的举动。小仪的观点没有错。'追星不是不可以，可也不能追过了头'，说得没错。你不认同她的观点，可以拿起笔来，反驳她的观点。个别同学却去攻击写作文的人，而不是就作文谈作文、就观点说观点，这样的举动，不是迷过头又是什么？"

"写作文，亮出自己的观点，亮出一些正确的、却又容易被人攻击的观点，是需要勇气的。我钦佩小仪的勇气。我也将努力捍卫她的勇气！"

我向班主任张老师简要汇报了一下。之所以"简要"，是因为事情由我发在《班级作文周报》上的作文引起，理应由我具体处理。

张老师也很惊讶，惊讶于同学在不知不觉中对偶像迷到了如此程度，惊讶于同学迷到了如此程度，还自以为很理智。

"你女儿是小偷"

"偶像风波"上了我的博客。

一些同学表示支持："不应该啊！理智看待歌星！永远支持！"

小仪爸爸上我博客，留了言："看了女儿的作文，听了她讲的关于这篇作文发表后，班级里同学们的反应。在这里，我首先申明一点：女儿她的本意是对事不对人，她并没有想批评哪一位同学，而是针对追星一事发表一下个人的看法而已。作为家长，我感到很欣慰，女儿长大了，懂得了一些道理，我也相信，所有看过我女儿作文的其他同学的家长，也会很有同感！同学们，你们现在还是小学生，主要精力应该放在学习上，过早感染上一些社会上所谓的时尚，只有害处没有好处。我也相信同学们会认真学习，以优异的成绩向你们的家长汇报！"

次晚，小仪妈妈打电话来，问我有没有看到博客上的留言。一听口气，又是晚上，有事，且与"偶像风波"有关。

进博客一看，有人紧跟着小仪爸爸的留言，匿名写道：

"你女儿小小年纪就偷人家东西，不要脸！这根本不是谣言！她都不和你说了吗?!"

另还有两条匿名留言：

"我是你们某些同学的朋友，我理解这种事，自己的偶像无缘无故被别人侮辱，心中必定是不舒服的。这点先不说，就说说指责甚至辱骂小仪的人吧，先说明吧，这些人我都认识，和他们相处已经不是一两天的事了，我肯定，他们不可能做这种事，难道老师你是那种听虚假的人吗？我很惊讶，惊讶于你和学生缺少沟通，相信你一定会有新的体会和感受。"

"写作文的确要有勇气，但是这种勇气不能是伤人心的勇气，如果作文不那么刺人，也许，有些女生还是会接受的。管老师，兼听则明，你为什么一定要说女生骂了小仪呢？难道在你的印象中，她们就是这种人吗？"

这三条留言紧挨着，前后不过几分钟，基本能确定，一位同学所为，或几位约好了一起写的。我删了这几条留言。一夜没睡好。

一觉醒来。第一件事，找小仪谈心。要尽可能地消除那"偷"的阴影。

大约二三年级，我还没来这所学校。一次，小仪见一位同学的橡皮好看，拿在手里玩。这时候，橡皮的主人回来了，火气冲冲地质问小仪为什么不经她同意拿橡皮。小仪胆小，呆住了。橡皮主人去报告老师，小仪怕极了，橡皮往垃圾桶里一扔。这一扔，扔出问题了，大家说她偷橡皮，心虚，才扔掉的。老师也没当回事儿，说了两句过去了。却有学生记住了：小仪偷东西，小偷。

一次我感冒，小仪送我两包感冒冲剂，我很感动，在博客上写了出来。好几个有影响力的女生在我面前说，小仪的纯真、幼稚是装出来的，问我有没有这种感觉。我没有这种感觉，我很奇怪她们为什么有这样的感觉，她们不说。现在看来，她们对小仪的成见，缘于几年前的"小偷事件"。一个老师，没有处理好一件事，会对某个同学产生长远得都不知道的负面影响。教师的名字叫责任啊。

也是从这个时候起，小仪渐渐被女生孤立，也正是在这种情况下，她渐渐与同样被大家孤立的小醢成为朋友，两个缺少友谊的人走到了一起。

小仪妈妈打电话来，说女儿昨天哭得厉害，很害怕，睡都不敢睡，看到留言，身子都发抖了。小仪妈妈很伤心，也很气愤。我在办公室的窗口，看见小仪正一步步走进校园，我迎上去，带到办公室，安慰她：别怕，你是正确的。

我让她背古诗《池上》：小娃撑小艇，偷采白莲回。不解藏踪迹，浮萍一道开。

我说这里面的小娃很可爱，可爱在哪里？两点：1. 偷采白莲回；2. 不解藏踪迹。大诗人的眼里，小孩子天真无邪的"偷"，多么美好。

我说，小时候，我偷过西瓜，偷过人家的笔，偷过人家的鳝鱼。有专家列出了一个健康的小孩子要做的 30 件事，其中有，打过一次小小的架，吵过一次小小的嘴，偷过一次小小的东西……

小仪开朗起来，笑了起来，说："我就是没打过架。"

与班主任联系后，我们决定不在教室里谈，逐个找几位同学谈，从侧面去了解、消除这事的负面影响。

误解中的"误解"

小仪妈妈怀疑博客上的留言是李静贤所写，文笔像，说要和她的家长谈一谈。李静贤的文笔的确泼辣，她也迷炎亚纶，也反对小仪，但我不认为是她写的。一方面，由我对她的综合印象得出的判断；另一方面，昨天我和她单独谈了"偶像事件"，她态度挺好的。

谈到小仪，我们都觉得她太单纯，这件事的复杂，对她来说，是一次考验，一次锤炼，经过这次，她能成长一些，未尝不是好事。

我电话联系了李静贤妈妈，了解到，博客上的留言上传的那段时间，李静贤正在做作业，不可能上网，我也放了心。并将这一情况与小仪妈妈做了沟通，免得由误解而产生更大的麻烦。

放学回到家，一看忘带的手机，好几个同号的未接电话，打过去，李静贤爸爸。李爸爸直截了当："管老师，你对李静贤不公平啊！"

听了好一会，我才明白，早上我打去电话，李妈妈以为我怀疑李静贤，李静贤一回家，她就质问女儿。李静贤没做这事，母女觉得受了老师冤枉，委屈得哭了。

我讲了事情的来龙去脉，讲到小仪妈妈的怀疑以及我的信任，才打的电话，并向小仪妈妈做了解释，他们一家转为欢喜。

当晚，小仪妈妈也在我博客上留言：孩子们，任何事千万不要意气用事。自己孩子的一举一动，家长怎么会不知道呢？那是三年级的事情，双方家长都已沟通过，何必为了追星一事小题大做呢？追星也好，反对也好，既然有《班级作文周报》这一平台，同学们各抒己见发表自己的真心想法，这是很自然的，也很纯真的。我相信孩子们是非分明，一切都会处理好的。顺祝学习进步！

什么叫"迷过头"？

姚昕怡依然对"理智看待偶像"很有看法。她在日记里责问："管老师，什么叫崇拜偶像过头，请你搞搞清楚，再来谈理智看待偶像的问题。"

我决定从她那儿突破。我和她单谈："谢谢你的质问。看了你的质问，我问自己，我发现自己真的对怎么才算过头，不很清楚。我想，你既然质问我，说明你对这个问题，是有自己的看法的，我向你请教。"

她看到我"软"了下来，很兴奋，说："比如为歌星自杀啊，做变性手术啊，这些就是。"

这些话，我在她的日记里看到。我随即否定："不，这不是'过头'，这是'疯狂'，对不对？"

她点头同意。

"疯狂，那要吓死人的。我们现在谈的是过头，你说什么叫过头？"

这下，她也没话了。她把"疯狂"等同于"过头"了。

我静静地等她。思想上的结，只有通过思考，才能解开。想了好一会儿，她说："因为偶像，伤害了别人，那就是过头了。"

我很同意，问："那你认为，我们班有没有人过头呢？"

"有。"她也承认了，"比如网上攻击别人，攻击老师，课后侮辱同学。"

我们一起分析，有的同学因为偶像事件，在老师博客上翻老账，说别人偷东西，那就是伤害别人，那就是过头了；有的同学因为偶像与别人长久地吵架，那就是过头了。

我又问："因为偶像伤害别人，那是过头，因为偶像伤害自己，是不是过头呢？"

她认同。

"我们班有没有因为偶像崇拜伤害自己的呢？"

我们达成了一致看法，有。有的同学，为了偶像，动不动生气，动不动情绪起伏，人家一说偶像不好的话，恨不得跟人家打架，上课注意力都不集中，课上老想着偶像，那就伤害了自己的学习，伤害了自己的情绪。

"因为偶像伤害了别人，或伤害了自己，那就是'过头'。"我说，"谢谢你，告诉我这个答案。"

姚昕怡又在日记本里说，自己是小小的过头，保持小小的过头而不发展下去，应该不要紧吧。我留言，一个人能保持和控制自己的情绪，即成长和成熟。

"歌星偶像"辩论赛

教材上，辩论话题有"多看电视好，少看电视好""多读课外书好，少读课外书好""多上网好，少上网好"。正值"偶像事件"，辩论话题改为"有歌星偶像好，还是不好"。

绝大部分认为要有歌星偶像，少部分同学认为不一定要有歌星偶像。

我请双方各准备三条最有说服力的理由来。

正方认为，有歌星偶像好，提出了这三条理由：（1）听音乐，放松心情。（2）每一个成功的歌星，靠的是自己的奋斗，学习他们的奋斗精神。（3）很多歌星很有爱心，学习他们的爱心。

反方认为，没有歌星偶像好，也提出了三条理由：（1）除了歌星，这个世界上有很多其他的"星"，为什么你们只想着歌星偶像呢？（2）崇拜歌星，搜集歌星的图片、唱片什么的，浪费时间，甚至妨碍学习。（3）听歌星的歌，并不表示就要崇拜他。

我小结：双方都很有理。双方的观点，表面看起来是敌对的，其实是一致的。你看，认为要有歌星偶像的同学，是为了自己能更好地生活和学习，更好地成长，成长得更出色，更有爱心，更有奋斗精神。认为不需要歌星偶像的同学，也是为了更好地生活和学习。只要大家都朝着这个方向来看待歌星偶像，那我就放心了。

我说，刚才，很多同学都认为应该有歌星偶像，其实，举手的同学里，不少人只是喜欢听某歌星唱的歌、唱某歌星的歌而已，他们把喜欢听某歌星的歌，等同于崇拜偶像了。我也喜欢听流行歌曲，喜欢流行歌曲给我带来听觉上的享受，但不能说我也崇拜歌星。

我说了昨天和姚昕怡讨论的观点：崇拜偶像，是否过头，那就看有没有因为这个偶像伤害自己、伤害别人。

下一节课，我带大家去操场活动。几位女生继续和我讨论"偶像问题"。

我说，每个人对偶像的"过头"与否的界线不一样。正像有的人喝酒，喝一斤白酒，没事，有的人，喝半斤，就有事了。这取决于人抵抗酒精的能力。抵抗力强，界线就拉后，抵抗力弱，界线就靠前。

朱心宜问："既然每个人的界线不一样，为什么你还要给大家一个界线？干脆不要了嘛。"

这问题不复杂。正像有的人喝二两白酒开车，什么事也没有的，他酒量大着呢。但交通部门必须出台一个标准，来测定你是否喝酒过头，不管酒量大小，就按这个标准来测。标准，是善意的提醒，也是必要的提醒。

"偶像风波"，由于老师没有做出剧烈反应，大家反而很好奇；由于老师没有做出正面支持小仪的举动，大家反而同情小仪。

博客上支持小仪的留言多了起来：

"崇拜偶像，不能过界线哦！要有个度！切记哦！永远记住！"

"哈哈，反正我是记住了！

"呵呵，支持，支持小仪的想法！"

"嘿嘿，我看哪，心胸狭窄的人是成不了大器的！"

朱心宜妈妈也留了言："借老师的话题，也来一议。老师所提醒的界限，打个比方，好比一个司机，你可以很有风格地、潇洒地飞奔，但是，你不可以闯红灯，否则，就会出事，就会受惩罚。对歌星的迷恋也是一样，过头了，受伤的只能是自己。因为我们对偶像太沉醉了，恰是一种病态，一定要理智、清醒，不要为此分心，耽误学习。"

朱心宜妈妈话锋一转，说给自己的孩子听："我亲爱的孩子，为什么不努力成为别人眼中的明亮的星？"

向班主任约稿

解铃还须系铃人。火是《班级作文周报》点的，还得在上面"熄"。我约请班主任写一篇文章，谈班级里关于友情、关于偶像的事。班主任的《当友情遭遇追星》发在了头条：

临近毕业，一些同学的追星势头却越来越热，漂亮的，追！帅气的，追！会唱歌的，追！处在青春期的你们，对美丽事物的追求是无可厚非的，人人都会经历这样的青涩时光，这也证明你们在慢慢长大。这时，如果不能很好地协调学习、生活与追星之间的关系，对大家还不成熟的心智是有危害的，有限的精力还是要合理地分配啊。曾几何时，短短的课间休息变成了粉丝聚会，宝贵的自习时间变成了与偶像的"二人世界"……因为，有些狂热追星族已经到了痴迷的地步！

明星是怎样炼成的呢？一个从事演艺工作的人要成为大家熟悉的明星，除了机遇之外，背后还要有一小强大团队做支持，所以请不要过分夸大那一两个站在台前的人的能力。唱歌是一项工作，褪去职业的光芒与修饰，他们也平凡如你我。只不过社会分工的不同，他们被安排在镜光灯下，被大家所熟悉、认可。在我们的视角里，看到的是那些被规划、设计过的最美好的一面。那个大家所痴迷的人，就像是电视连续剧中的人一样，有虚幻的成分。当他站在镜头面前时，明星就开始扮演一个符合公司要求和大众审美的近乎"完美"的自己。

在狂热追星族的世界里，这颗"星"被神化了，听不见别人友善的劝阻，看不到大家诧异的眼神，迷失在自己虚构的与偶像零距离接触的世界里，此时的友情苍白无力！这不禁让我感叹，六年，六年啊，人生有多少个六年可以让你和这么多人一起共同从幼稚走向成熟，一起经历一次次快乐和忧伤，一起为同一个目标而努力，一起畅谈理想……现在为了一个观点不同（但那也是友善的呀）的声音，不惜伤害自己的同伴，用尖刻的语言打击报复，这样的行为称不上光明磊落，甚至让我大失所望。同学们，分别之际，与其毕业之后怀念，不如珍惜现在有限的相处时间，给彼此一段美好的回忆。

友情和追星本来可以是两条平行线，因为你们太年轻、太冲动，导致了其中一条线发生了偏差，而这正说明了你们的不成熟。

当友情遭遇追星，我们输掉的是气度、是宽容、是理智、是一颗善良的心。

当期《班级作文周报》，还刊发了两篇理智看待偶像的作文，一篇支持小仪，沈瑜捷的《偶像是什么》：

"我认为小仪是对的！她没有错！"

"我非常赞成小仪的一句话——'人，终究是会老的，假如某一天，炎亚纶、金桢勋他们变得很老了，你们还会像现在一样为他们付出吗？明星就是流行，老了，就会过时'，我并不是在侮辱或劝你们不要追星了，这是真的啊。明星也和正常人一样，也会变老、生病、伤心、难过，也有各种各样的缺点。小仪只是说了她内心的想法和意见，你们不但没有接受，反而对她人身攻击！"

"我不喜欢只要说一句'某某好帅'就能换来一个拥抱，我也不喜欢说'炎亚纶保佑'或'因为你我才成功'之类的话。偶像不是神，他们不会保佑你们；偶像不是世界第一，也不是十全十美……"

一篇是反对，王心怡的《何为偶像?!》，她认为：

"小仪好像不太追星，不了解追星族的心态。对于追星族来说，明星是一种寄托，是一种安慰，是一根牢固的精神支柱。"

"一曲结束，我的袖子早已湿透，心情却不再那么糟糕了……所以，现在才会出现我对张栋梁的这种在无尽谩骂中的崇拜。"

我在文后发了读后感：

读王心怡的文章，我很欣慰，她是理智的，话语是平和的，讨论的，不是攻击的。读后，我有三点感受：

1. 读到王心怡伤心时听歌曲的故事，我想起自己，我也有痛苦的时候，郁闷的时候，这时，我也喜欢听音乐，音乐是人类最美好的文化之一，音乐能给人以安慰和寄托。那些忧伤的歌曲，仿佛能将心中的忧郁倾吐出来，心里也舒服多了。我想重申的一点是，热爱音乐，并不等于崇拜歌星。这是两码事。音乐是"我"的精神支柱，但不能说"唱歌的那个人"是我的精神支柱——要是唱歌的人出车祸死了，你的"精神支柱"就倒了？

2. 王心怡认为小仪对追星的理解有些偏差。文中，我没有读出小仪偏在哪里。这很遗憾，关键的地方王心怡没写清楚。正如前面说的，热爱音乐，并不等于崇拜歌星。这个世界上几乎每个人都在听歌，但这个世界上"追星"的人却很少（据调查，"追星"人群主要是学生，其他人群很少）。注意，你用了"追星"这个词。"追星"这个词本身就有问题。你觉得他歌唱得好，他戏演得好，那就行；你欣赏他的歌和戏，那就成。就像你觉得某位作家的书，写得好，那就行，读他的书就行，何必一定要去"追"写书的那个人呢？班上有些同学喜欢蔡骏的悬疑小说，他们并没有"追"他，喜欢他的书就行了。

3. 我赞同你的观点，男生其实是用丑化歌星的方式来报复女生。男生为什么能利用这一点成功打击女生？——女生不知不觉中已迷上了偶像。这个"迷"，已经出现"小过头"的痕迹，当然不是"大过头"，不是"疯狂"。这个时候，需要冷静地回顾，不然，很容易走向"大过头"。

"偶像问题"的爆发，暴露了很多"偶像事件"之外的问题。

"沉迷偶像是种病"

我搜集了有关过度迷恋歌星而出现问题的消息，整理后发在博客上。过多说教，反而会引起逆反情绪。发上去，放着，让他们不经意间，自己去读。

我发过一个女孩的困惑：

"我是个女生，最近疯狂喜欢上了一个很帅的偶像，一开始只是看看他的视频和图片，后来发现越是关注他，就越没法走出来，到了现实中便开始想念他，觉得他是自己身边很亲的人，然后离开了自己。特别是当我遇到什么挫折或困难时我就想找他倾诉，觉得他是我最好的听众，但他又是遥不可及。我为了他哭了好几次，感觉失去了一个恋人。我还是个学生，现在都无心学习了，一直想着偶像，然后就会哭，已经影响到生活了。怎么办？这是种病吗？有什么方法可以分散对偶像的注意力？怎么样可以回到现实？各位帮帮我吧，我快撑不住了！"

我发了以下新闻：

2002年，浙江温州一位17岁的初中生因没钱亲眼见到偶像影星赵薇而服毒。当他被送进医院后，因病情突变，最终"捧"着自己喜欢的赵薇的照片离开了人世。

2003年6月21日，大连一名16岁的少女，因母亲拒绝给她买张国荣的CD，并说张国荣"变态"等话而上吊自杀。女孩在日记中写道："在我的世界里只存在张国荣，我只为他而活。"骇人听闻，可悲可叹。

2005年9月24日，一个未满15岁的少女，迷上了偶像，父母苦口婆心，好言相劝，但无济于事。女孩把父母看作是她追星路上的障碍，为了实现追星梦，她离家出走。出走不久，被人贩子贩卖。

广州一个14岁女生，为了引起明星注意，在大街上割腕自杀，一边喷着血，一边追着明星的车子，幸亏抢救及时，才没有"以身殉星"。

我发过专家对青少年崇拜偶像的善意的规劝：

"青春期的孩子大都喜欢疯狂地追求偶像，这不算什么稀奇事。随着青春期的逝去，每个人都会逐渐成熟起来，走出痴迷。而一些痴迷其中、走不出这种心魔的人，都是以悲剧结局。

"学习偶像那些积极向上的精神是可以的，但是，成天这样的沉迷于其中，影响到工作和生活，就不太好了。做什么事情都应该有一个度，过了这个度就不好了。

"偶像必须有一个共同点：能够在我们迷惘或者苦难的时候给予我们光亮和方向。现在很多孩子崇拜一些娱乐圈中代表了快餐文化的人士。有些歌星唱的歌还真不入耳，演的电影电视也是傻不拉叽的，却能迷住大多数学生的心。这倒是确实令人费解。

"每个人都有自己心目中所崇拜的人。这就是偶像，偶像可以有亲人、朋友、伟人……也可以是当前流行的明星，但是崇拜也要有个度，最近经常出现报道说某某崇拜偶像到哪个程度，连饭都不吃，或者攒钱去参加演唱会，我感觉没有必要，这样很浪费精力和金钱的。

"我很乐意告诉每个有偶像的人，不能乱崇拜，崇拜要有学习性，不分清白地追星，会给亲人和朋友带来麻烦，甚至还能给你所崇拜的偶像，带来负面的影响。"

我发了电影《疯狂粉丝王》中的一句著名的台词："沉迷偶像是种病。"

"偶像事件"与"网络道德"

一场闹得沸沸扬扬的"偶像事件"，逐渐归于平静。事件里，多的是哭泣和愤怒，而经历哭泣和愤怒，从哭泣和愤怒中吸取人生的经验与智慧，未尝不是好事。

早上，遇到闻贡源，他急吼吼地说："那句话不是我发的。"

我听得糊涂，经他解释才明白，我的博客上有一位署名"闻贡源"的留言："我爱/喜欢GJJ。"

"GJJ"是班上一女生的代号。有人冒用"闻贡源"，胡言乱语。博客上发言，没什么手续。我上网查网页上记录："网友：闻贡源"。这个"闻贡源"不是注册的，而是"路过"的。

后面已经跟了好几帖：

朱心宜：闻贡源，你在说什么啊?!

吴新伊：闻贡源你?

闻贡源的妈妈也在解释：7点多，闻贡源在做作业啊，没上管老师的博客呀，怎么会有他的评论呢？是不是哪位同学冒用他的名字，和他开玩笑啊。

我也在后面回复：第一栏，不是闻贡源说的。由于博客是公开的，任何人都可以用"闻贡源"发表意见。这位同学的玩笑，你开得过头了吧？

"偶像风波"上的匿名留言，尽管没有查，也不想去查，但那事和现在的"闻贡源"所暴露出的"网络道德"问题，不能不引起我的重视。

朱冰清对我说，网上有一个女孩，辱骂四川地震灾区的人民，说的话，很难听。

听了，我马上去查阅了一下，果真是。

课上，我请朱冰清简要地讲给大家听，大家听得义愤填膺。我说："这个女孩21岁，叫张雅，已经被捕，将被起诉。她为什么会这么辱骂四川人民呢，因为三天'哀悼日'，娱乐场所关门，她不能玩电脑游戏。她玩上瘾了，难受，说了发泄的话。"

趁机，我向大家分析了四点：

1. 网络随时可以发言，言论很自由，很开放，但一定要注意言论不能触犯法律，不能诽谤。同时，也要注意网络道德，不道德的话、过分的话，不能说。人家真跟你认真起来，完全查得出。

2. 那个女孩说的是真话。要说真话，但更要说高尚的真话。我们村里也有人说，干嘛捐钱给他们，有钱你给我。真话，有高尚和卑劣之分。多朝"高尚"那边想，多朝好的方向想，多宽容和谅解别人，你的真话就会高尚起来。你也就成为一名高尚的人。

3. 不要成为别人的工具。据说，这个女孩，背后有录制的人，她被人利用了。当时，她已经说了一遍，没有传播，那没问题。别人说，你敢说第二遍吗？她真说第二遍了，结果被人录制下来，放到了网上。

4. 也有人认为她是自我炒作。的确，当前很多人都希望出名，这也是为什么有那么多歌星偶像的原因，歌星崇拜，某种程度上说，就是崇拜出名。那女孩真是自我炒作的话，这种不择手段的出名，真是要不得的。

大家从这个现实的事件里，认识到"网络言论自由"也是有限制的，有法律约束和道德约束。网络，不是个不管不顾、想说什么就说什么的地方。网络，要有道德约束。

"偶像事件"，成为当年的班级大纪事。我常想，如果我将矛盾"轻松"地丢给班主任，那么，学生回首往事，会把我——一名任课老师记住吗？

手记七："个案学"

80％的销售额是源自 20％的顾客；80％的电话是来自 20％的朋友；80％的产值来自 20％的产品；80％的财富集中在 20％的人手中；20％的客户为企业带来 80％的利润……这就是著名的"马特莱法则"，也叫"二八法则"。一线教师的 80％的烦乱，来自于那 20％的学生。那 20％的学生搞定了，80％的烦忧事也就解决了。从 20％里找出一半的学生来做个案研究，这并不是烦中添乱、乱中添烦。苏霍姆林斯基说过一句很真诚也很管用的话，大意是，你想从单调乏味中做出乐趣，你就应当走上教育研究的幸福之路。

记录下一个个活生生的个案，你会发现，那些令人头疼的学生，带给你一个个鲜活的教育故事。我做过的一线个案有心理问题、学习问题、情商问题、家庭问题……一个个故事向我涌来，我得到的不再是烦乱，而是教育研究的愉悦。

个案一：你凭什么要我成为男子汉？

凭什么我要做男子汉？

沈翔传球，出界。张泽豪拿起球，传给晓辰，请他发球。

晓辰没想到张泽豪会传球给他，没接，球砸在嘴巴上，嘴唇磕破了，出血了，他声嘶力竭地嚎哭起来。嘴里有血，反应又这么大，我以为出了大事，忙跑过去，扶他去医务室。他尖叫着哭，不肯去。

我很着急。午间可以自由活动，我也在场，然而，真要砸出点事，吃不了兜着走。山不转，那就水转，我找人去请校医来。晓辰却一把甩掉我，哭着，疯跑了。

我只好去追他。他不回教室，蹲在楼道。见我追他，一转身，又跑到另一个楼梯顶。

这次总算按住了他。

"张泽豪不是故意砸你的。"

他的眼睛里满是愤怒。

"你是说张泽豪故意砸你的？"

他使劲地点头。

"真的话，我会严厉批评他，责令他当众道歉。只是现在我还不能听你一面之词。"张泽豪打球，不鲁莽，他不是好胜心强的人，老好人脾气。

"也有可能他不是故意的。打篮球，这种情况很多。姚明打篮球还骨裂，半年不能打球呢。"我说，"做个小小男子汉，擦破点皮，这点伤算不了什么。"

他总算稳定下来。我又找来张泽豪，让他道歉。张泽豪虽不是故意的，但为无意的失手道一声歉，也应该。

我以为这事告一段落了，万万没想到，晓辰却在日记里质问我：

"你凭什么要我成为男子汉？"

我，语塞。

他，仇恨谁？

不知道为什么，晓辰对我很有敌意。

新接班，大家很欢迎我。晓辰上我博客留言，除了课上当你是老师，其他时间不会。

我很震惊。一个小学生，在老师没有开罪他的情况下，公开说出这样的话。我找他聊天，他一副死不合作的样。我不理他，他倒会笑着跑到我身边。怪！

晓辰在一篇作文中说，一次测试，到时间了，他没做好，而我按时收卷，由此，他的意见很大，并保存到现在。

按时收卷，我没什么错。这，可能只是个导火索，背后另有原因。

他喜欢和女生玩，课上，也喜欢转到后面和女生说话，你批评他，他爱理不理。一般来说，课上学生明显违反常规，你盯着他，他会自动停下来，那叫用眼睛组织和管理。他不，你不说话，他不停，当没看见。

一次，秦婧好发现我盯着他，他正转过去，后面不长眼睛，不知道。秦婧好提醒他。他，满不在乎。

前几天，与一位老师闲聊，才知道，他爸爸是台湾人，年岁很大，妈妈是本地人。一次，晓辰爸来学校，老师误以为是"爷爷"，开口道："你是晓辰的爷……""爷"字刚出口，晓辰妈妈立马打断："是爸爸。"

晓辰和妈妈一起过，一个从小和妈妈一起生活的人，幼儿园、小学又大都是女教师，晓辰说话细声细气，做事女人气很重，缺少男生气。晓辰妈妈知道有一个男老师教儿子语文，很高兴，说让儿子染点男子气。

我从晓辰妈妈的话里，多少听出些担忧。

我多次问过晓辰，我什么地方"得罪"你了？如有，我向你道歉。

他不说，或许也说不上来。一次，他和女生吵架，脱口而出道："你们女人是什么？生孩子的工具！"

一个还没有发育的小男生，不可能想到说此话，此话大半来自家庭。小小年纪的他，骨子里埋下了对男人下意识的恨？

我向班主任要了电话，打过去，是晓辰奶奶。我问晓辰妈妈的电话。奶奶说记不住，叫我问晓辰。

我没问。

小男孩很敏感，会误解。不联系吧，心里没底，情绪对抗战何时了？了得越晚，对他的学习和成长越不利。

刺猬一样的温暖试探

建"书报交流中心"，缺书报夹。我同学生商量，怎样筹得书报夹。大家说，每人出几块钱，不就得了。

举手表决，晓辰不举手，大喊："我不。"这已不是同不同意了，明摆着对着干。幸好大家都说"少数服从多数"，他没话了。

作文发表于《班级作文周报》，光荣的事。发表几次，能评"作文新苗""作文能手""班级小作家"，大家欢喜着呢。他的作文录用了，不输入电脑，

不输入电脑，就不能发表。一天，他见我在，表面对同学，实质对我，说："我的作文录用了也不打印。"

你说他和我对着干吧，又不完全是。中午，吃好午饭，我刚到走廊，办公室门前有人等着，晓辰。他来报告，张泽豪拿小组公用的"才运卡"换了"优先刊用卡"。

我谢了他，并和他说"再见"——他从不和我说再见。他回头看了一下，想说什么，又没说什么。

各班派几个男生去教务处拿书。我请沈翔、赵诣去。晓辰转过来，盯着我们，他似乎很在乎我的言行。走廊上有呕吐物，我拿了拖把，来回拖，晓辰靠窗坐，我用余光发现，他总看着我。

他，可能以一种反抗的、不合作的方式，引起我的注意。他，可能是在经营一份小心的防卫——来自他对男人或许是父爱——的不信任，却又渴望获得男性的关注和关爱。

但是，小小的他还不知道用怎样的距离来相处。

一旦我靠他近，他就离我远；一旦我离他远，他就靠我近。

刺猬为了冬天取暖，靠在一起，却刺伤了对方也刺伤了自己。不靠在一起，又寒冷难当。一次又一次刺伤中，找到了最佳距离。此刻，晓辰在测定一个合适的交往距离？我们不能太近，也不能太远。我要注意保持距离，才能处理好彼此的关系。

放学了，晓辰来办公室拿作业本。他原想拿自己的本子。我叫他拿全班的，他很乐意。发了作业本，又跑来，问能不能回家了。

他在日记里写，学习是自己的事。

上次，我对他说，你可以对我有意见，那只是伤了我；如果你对学习有意见，那就是伤了你自己。当时，他什么也没说。现在看来，他接受了我的观点。他的作业本上的线，包括记分格，都是用虚线画的，别人都是用直线画的，画直线多快啊，他，用虚线。我没说什么，只是用红笔帮他改了。

或许是我太注意他，太关注他了，他反而有一种不安全感。然而，我不再特意关注他，他就用特殊的行为来获得我的注意。

他像小刺猬一样试探着。他以为我是一只大刺猬。

向他发出友情的邀请

我请陈一言和晓辰帮忙搬作业本，陈一言愉快地答应了，晓辰也答应了。回办公室，我又请闻贡源、归少东和晓辰，搬作业本回办公室，晓辰也答应了。

闻贡源几个人与我很亲近，帮我做了事，问，有什么犒劳的？想起抽屉里有喜糖，闻贡源、归少东和晓辰几个，每人两颗。闻贡源、归少东微笑着跟我说再见，我也笑着跟晓辰说再见，他朝我笑了一下，走了。

不把晓辰放在一个特殊的行列，让他和同学一起来到我身边，这对他来说，比较好。

放学后，我找晓辰随意地聊。问他喜欢什么，周六、周日学什么，最擅长什么，聊了一阵子，起先不太友好的眼神，柔和起来，温暖起来。这以后，课间，我到晓辰那里，也到其他男生那里，摸摸他们的头，和他们玩小游戏。发本子，女生总抢着来，现在，我叫男生，也叫上晓辰，我一边批，他们守在我身边，见有错的，就发。

感情，是在彼此接触与交往中滋长起来的，而且，往往是在非正规场合的接触中滋长出来的。正规场合中滋长出来的，大都是合作关系、工作关系。非正规场合培养的，恰恰是人与人间的一种温情，一份弥足珍贵的感情。

要进行单元检测。我问晓辰复习得怎么样。他拿出一本自己买的"金三练"，打开一看，第一单元的练习全做了，再一看，没什么错的。我夸了他，他很高兴。我对他说，遇到不懂的，来问我。他点头答应了。

成绩出来，晓辰满分。我自然不放过，夸了一番，看着他兴奋的样子，我也很开心。我们之间的冰河在融化。

放学前，周记本发下去，晓辰的本子，不知怎么的，被同桌不小心撕了封面。他来找我，请我帮他订一下。这是他第一次主动来请我帮忙。订好后，我说"再见"。

他终于说："管老师再见。"

一天早上，我值日，同学们出来做广播操，我看到五个男生都穿了红衣服，晓辰是其中之一。我说："你们的红衣服很帅。"红衣男生说："管老师，我们都是黑裤子。"

"你们是男模，时装表演。"五个男生都开心地笑起来。

中午，晓辰撞了我一下，我对他说"对不起"，他特意转过身来，鞠了一躬，说："管老师，对不起。"从这个动作里，我看出他与我的关系已经和解。我从食堂出来，看见他，冲他摆手，他也笑着冲我摆手。

我不很清楚，以前的老师对晓辰是否特殊化，能肯定的是，他在家里必定受到妈妈的特别关注，爸爸常不在家，妈妈不工作，全职太太，全力倾注。晓辰来问我题目："什么叫'海外侨胞'？"。这是他第一次主动向我提问。几个男生过来，要看"神五"发射视频。我说："我们一起看吧。"这个"一起"，是对晓辰发出邀请。我发现晓辰的嘴唇上有一条灰，叮嘱去洗一洗，他答应了。

眼看着冬天过去，春天即将来临。

一天下午，去整理菜地。耙只有两把，只好轮流干。轮到晓辰，他不干，脸色很不愉快。我刻意对他去"特殊化"，而这，恰又成了另一种"特殊化"。

晓辰也必须从"特殊"里走出来,人,不可能一辈子在"特殊"里的呀。

聘请他当"语文小助手"

新学期,征集"语文小助手"。我惊喜地看到,晓辰也申报了。

晓辰成为语文小助手,交往会多起来,彼此也容易靠近。他妈妈知道后,也很高兴,说这既能锻炼他的才干,又能和男老师学习相处之道。

上任之初,我有意表扬他,助他快速树立起优良的形象,以便顺利开展工作。他和我的关系也越来越好。我生日那天,他送给我礼物,一盒巧克力,还有一个红包。我退还给他妈妈,我以为,红包是他妈妈的意思。后来得知,是他自己的意思,并且,钱还是他自己储下的。

一次,批改订正作业,他的字迹不好,我婉转地批评了他。谁知,他尖声大叫:"我再也不要当小助手啦!"

好几个同学在场,听说他不要当小助手,马上向我申请:"管老师,他不当,我当!"

我没答应。这样的话,晓辰一定会从"助手"走向"对手"。

我找到晓辰,问他为什么。他不说。我只能猜测:"是不是重写的事?字写得不好,不管的老师好,还是管的老师好?"

从他的眼神里,我读出了,他认为老师要管。但他不说。

"你再考虑考虑,放学前,告诉我。"

放学前,他说,到下周一答复。当天是周四。周五,我看到晓辰的"每日素材",密密麻麻写了三页,说他不想当小助手的原因:

1. 这期《班级作文周报》要刊发朱立凡的作文,文中说,晓辰打朱立凡，陈一言站出来为朱立凡挡。这篇作文将使他难堪。他心里不平衡，怪我，要是我不办《班级作文周报》，不就没事了？

2. 那次课上，他转过去说话，是提醒后面的陈一言，我冤枉他了。

后一点，我不信。晓辰颇有心机。他极有可能利用我看日记的心态，来混淆我的判断。转过去提醒人，不用一次又一次，再说，他那时的神态也不对。我没有戳穿，给了他一个台阶，一旁写道："对不起，我冤枉你了。"

放学前，他心情好多了，不时露出笑脸，看来，他看到了我的留言。编发《班级作文周报》，朱立凡文中措辞比较激烈的，我作了一些改动。

周一，又有同学来问，晓辰不当小助手，他愿意当。

我谢了他们。找了个空隙，请晓辰来。

"我愿意继续当小助手。"他又为自己找了个理由，"我想锻炼锻炼自己。"

"我很高兴。前一阵子，你当得也不错。这次之后，可不能凭自己的情绪，想当就当，想不当就不当，行吗？"

他点头答应了。

"这阵子，大家都认为你要辞职。我要在班上宣布，你依然是小助手，消除舆论，这，你也要做好准备。"

他又点头答应了。

我顺便告诉他，朱立凡的作文，我删改了。他很有些感激。事实上，《班级作文周报》出来之后，并没有他所想象的事儿发生。这，完全是他的敏感。

为他顶"罪"

放学一段时间了，还有同学陆续交练习册来。我说："这些可以带回家做。不是非要在这里完成的。"

同学叫了起来:"晓辰说一定要在这里完成的。"

怎么能假传老师的话呢?

次日,我找到晓辰,询问此事,他承认说了谎。我告诉他,这个谎,开大了;别忘了,你的身份是语文小助手,同学信以为真。为此,他们埋怨我,说管老师不通情理。

"这件事,你得要向大家说明。"

晓辰呆住了,眼里有点红。他认识到错了,真要上台坦白认错,凭他目前的觉悟和脾气,肯定不行。

"你做个选择,要么,自己向大家说明,自己开了个玩笑,导致同学误解。要么,我来说。下个课间,你告诉我选择的结果。"

他没有来说明选择的结果。预料中的事情。

课上,我说:"昨天,一些同学留下来完成练习册上的内容,说要交给我。对此,我很抱歉。昨天,我跟晓辰开玩笑,练习册要当天交上来。他当真了,回教室说了。责任在我,我向同学道歉,说声'对不起'。"

课间,晓辰来找我,轻轻对我说:"谢谢!"

"下不为例啊。"

既然准备帮他承担责任,我为什么还要找他谈话,使他担惊受怕?

——这是他必须承受的说谎的代价,不付出这个代价,他记不住。我为他挡一下,是因他的心理承受力。过头了,对他是伤害。伤害是他自找的,然而教师有责任让他避免过头的伤害,且受到教育。

几天后,我出差回来,看大家写的"每日素材"。只要写三五句话的"素材",晓辰写了两页,全是关于我的。结尾说:"今天少上了两节语文课,好像学习少了几分色彩。管老师没来,学习也少了几分幽默。"

看来,他已经从心底里接受我了。

中午，同学来我办公室，看到一本杂志的封面上有我的照片，伸手向我要，说要带回家给父母看，咱老师上杂志了。我说只有这一本，我要留用。即使有，也不能给呀，像要学生去家长那儿夸耀似的。

晓辰最后一个走。他也向我要。我说，放学时你来，只给你一个，并且，不准说是我给的。他会心地走了，心满意足地走了。

我们的冰冻应该说彻底解了，尽管现在是冬天，窗外有北风呼啸。

冬天的河流开始解冻

晓辰带了台湾饼干来。他没主动地送给我吃，我从他的眼神里看出了，他愿意给我吃，只是有点不好意思。我的手伸过去，他一见我的手，马上将饼干放在我的手心里。

一旁的小醯打好饭后，去盛汤。陈天荣过来，与我讲话，讲着讲着，拿起饭盒就吃，一吃发现饭盒不是他的，赶忙将自己那份没吃过的饭盒，换给小醯。小醯回来，发现不是她的饭，以为有人捉弄她，不吃了，走了。我拉住她，讲了原委，她不听，说不饿。我请小仪上楼去看看，小醯有什么情绪，到底饿不饿。

大家吃好饭，我去教室，小醯和小仪在下棋，挺好。小仪说，晓辰将带来的牛肉干给小醯吃了。晓辰走过来，拿了一包牛肉干，对我说："管老师，牛肉干。"我一伸手，将他丢过来的牛肉干接住了。尽管，我戒吃牛肉。

下午，瞿伟琪的球砸到了晓辰的嘴唇。这次，晓辰很快安静下来。去年，晓辰被张泽豪的球砸了一下，哭了很久才安静下来。晓辰坚强起来了，也懂事起来了，能够控制自己了，能够宽容别人了。

过一日，我摸了摸他的嘴唇，还有点肿，问他怎么样了，他说不疼了。

我说："你是男子汉。"

他的男子汉风度

好几位同学都说陈帅志在喝"童子尿"。晓辰在日记里也写了。我留言：不信，喝的肯定是饮料。

晓辰见了我的留言，对我说："管老师，我要和你打赌。"

"赌什么？"

"我赌陈帅志喝的是童子尿。"

"赌就赌。我赌他喝的不是什么童子尿。"

"彩头呢？"

"你说吧。"

"赌一张'才运卡'。"

两张"才运卡"可以换一张"优先刊用卡"，有了"优先刊用卡"，能在《班级作文周报》上优先发表作文，同学宝贝着呢。彩头不小。

过了一阵，晓辰拿来一张纸。一看，晓辰的字，上写：我陈帅志喝的是"童子尿"。下方，陈帅志的签名。晓辰伸手向我要"才运卡"。

哼，骗我？"我找陈帅志核实去。"

陈帅志说"没有"。

晓辰拿来"才运卡"。"才运卡"对我来说，没啥用。我想还给他，他不要，说，愿赌服输。为此，我夸了他，输就是输，赢就是赢；赢，赢得起，输，也输得起，这就是男子汉风采。

"我收下'才运卡'，不是提倡打赌，为的是晓辰'输得起'的男子汉风度！"我说。

"因为你是男孩子"

晓辰不再问我"你凭什么要我成为男子汉"，他或许忘了，当初我在他本子上写的那句话。

当初的回答，我都过不了自己的关。我没有忘记这个难题。

这天，我读到了一个故事——

1963年，一位叫玛莉·班尼的女孩写信给《芝加哥论坛报》，她实在搞不明白，为什么她帮妈妈把烤好的甜饼送到餐桌上，得到的只是一句"好孩子"的夸奖，而那个什么都不干，只知道捣蛋的弟弟戴维，得到的却是一个甜饼。

她问无所不知的西勒·库斯特先生，上帝真的是公平的吗？为什么她在家和学校常看到一些像她这样的好孩子被上帝遗忘了。

西勒·库斯特是《芝加哥论坛报》儿童版"你说我说"栏目的主持人，十多年来，孩子们有关"上帝为什么不奖赏好人，为什么不惩罚坏人"之类的来信，他收到不下千封。每当拆阅这样的信件，他心就非常沉重，因为他不知道该怎样回答这些提问。

正当他对玛莉小姑娘的来信不知如何回答是好时，一位朋友邀请他参加婚礼。就在这次婚礼上，他找到了答案。

牧师主持完仪式后，新娘和新郎互赠戒指，也许是他们正沉浸在幸福之中，也许是两人过于激动。总之，在他们互赠戒指时，两人阴差阳错地把戒指戴在了对方的右手上。

牧师看到这一情节，幽默地提醒："右手已经够完美了，我想你们最好还是用它来装扮左手吧。"

牧师的这一幽默，让他茅塞顿开：右手成为右手，本身就非常完美了，是没有必要把饰物再戴在右手上了。同样，那些道德的人，之所以常常被忽略，不就是因为他们已经非常完美了吗？

上帝让右手成为右手，就是对右手最高的奖赏，同理，上帝让善人成为善人，也就是对善人的最高奖赏。西勒·库斯特发现这一真理后，兴奋不已，他以"上帝让你成为好孩子，就是对你的最高奖赏"为题，立即给玛莉·班尼回了一封信。

这封信在《芝加哥论坛报》刊登之后，在不长的时间内，被美国及欧洲一千多家报刊转载，并且，每年的儿童节他们都要重新刊载一次。

我读给男生听。我们凭什么要成为男子汉？因为成为男子汉，是这个世界对男孩的最大的奖赏。当某人说你是个男子汉的时候，你会很开心；当别人说你不像个男人，神情里往往充满鄙视。

男子汉，这个响亮的名字，意味着你坚强，你勇敢，你正义，你宽容，你宽厚，你有一颗博大的心，你敢于承担责任，你敢于面对黑暗，你敢于面对挫折，你敢于在困境中奋斗，你能够在恐惧中无畏，你能够在天地塌陷的时候，撑起一片天。

男子汉，这个响亮的名字本身，就是对男孩的最大的奖赏。这个世界上，没有什么比这个名字更叫男孩向往和自豪的；这个世界上，没有什么比这个名字更值得男孩们去追逐的。

"有了这个名字，你穷得一无所有，却依然是人们心目中的英雄，因为你叫'男子汉'。"我说。

个案二："我是个笨小孩"

一个重大的问题

阿涛找我有事。我请他说，他不说。哦，旁边有人。

旁边的人走了，高高大大的阿涛，声怯音低地问："管老师，我是不是个大笨蛋？我英语考了四十几分，数学考了三十几分。"

我愣住了，也沉默了。

教育本要使人生活得更自信、更美好，现在，无奈的教育现实面前，我们，这群一线教师，无奈中做了什么，无奈中伤害了什么。我们是不是已经将教育的梦想收了起来，是不是将教育的意义狭隘到了分数的地步……

我不能长久沉默。我必须尽快地回答阿涛。我迅速地调动起所有的神经，对他说，很多名人小时候，都被认为是笨蛋，比如达尔文、爱因斯坦、罗丹，都是。小时候学习不好，不代表你是笨蛋；小时候学习不好，长大后成为科学家、艺术家的，多的是。人的思维发展的各个阶段是不同的，有的人小学阶段发展得快，有的人则要到中学才发展得快，这就像人的身体，有的小学长得快，有的中学长得快。小学里的矮个子，你不能就说他将来也一定是矮个子。

阿涛似信非信，我们的谈话暂告一段落。

你和牛顿、爱因斯坦一样

我惦念着阿涛的事。上次的谈话，不系统，不严密，说服力不强，于是写了封信——

阿涛：

周末过得好吗？在这里，我要给你介绍几位名人小时候的故事。

牛顿，人类最伟大的物理学家之一，他创立了微积分，出版了《普遍算术》，他是经典力学理论的开创者，也是他，最早发现了白光的组成。然而，就是这个伟大的人，小时候在班上学习成绩常常倒数第一，被老师和同学称作"笨蛋"。

达尔文，1859 年 11 月 24 日，他出版了一部划时代的巨著——《物种起源》。世人评论他是一位杰出的科学家，他划时代的贡献为人类科学事业的发展开辟了新的广阔前景，人们为了表达对他的敬仰，把他安葬在伟人牛顿的墓旁，享受着一个自然科学家的最高荣誉。然而，小学的时候，所有的老师和长辈都认为他资质平庸，与聪明沾不上边。中学时，还因为成绩不佳，遭到退学。

爱因斯坦，人类有史以来最伟大的科学家，他在量子论、分子运动论、相对论等物理学的不同领域取得了历史性成就，特别是狭义相对论的建立和光量子论的提出，推动了物理学理论的革命。然而，就是这个人类最杰出的科学家，却是 4 岁才说话，7 岁才认字，老师的评语是"反应迟钝，不合理，满脑子不切实际的幻想"。

罗丹，法国最杰出最有影响力的现实主义雕刻家，欧洲两千多年来传统雕塑艺术的集大成者，20世纪新雕塑艺术的创造者。然而，就是这么一位人类历史上最出色的雕刻家，小时候，在他父亲眼里是"白痴"，在老师眼里前途无"亮"，艺术学院考了三次也没考进。

昨天，你问我："我是不是个笨蛋？"现在，我要告诉你，你不是。如果你是，那么上面的科学家也都是；如果你是，那么管老师——我，也是，初二升初三，我的英语成绩只有29分。

昨天，我对你说，每个人的身体的生长速度是不一样的。你长得很高大，与你同年龄的王剑鑫、朱立凡等，比你矮了一个头，这并不是说，将来他们必定比你矮小。这个阶段，他们的身体长得比较慢，你长得比较快。到了初中，一般来说，你长得比较慢，你长得最快的阶段过去了。而他们在初中，会长得比较快。同样道理，每个人的大脑的思维发展速度也不一样。有的人，小学发展得快，有的人，则要到中学才快。对你来说，很有可能最快的发展时期还没有来到。这个时候，你最需要做的事情是不放弃，勇敢地面对，以自己的决心和奋斗，度过这段"灰色期"。假如你就此不努力，不奋斗了，那么，你就真正地、永远地落后了。这就好比王剑鑫他们，看到自己和你同岁，个子相差这么多，气馁了，说"人家阿涛都这么高了，我是不行了，我不吃饭了，吃再多，也没有用"。这样，王剑鑫们就真的长不高了。我们都知道，王剑鑫不会犯这样的低级错误，他的爸爸妈妈不会少给他吃，反而会给他加强营养。学习上，也是如此，这个时候，你不但不能灰心，而且应该"加强营养"。

你一定会度过这个"灰色期"。每个人的一生，都会遇到这样的"灰色期"。这样的"灰色期"来得越早，你越能战胜它，你就越能出类拔萃。牛顿、达尔文、爱因斯坦、罗丹，小时候不都有这样的"灰色期"吗？他们闯过来了，他们成就了非凡的事业。

阿涛，你不知道，初二升初三，我的英语是29分，而初三中考，我考了

95 分。那个时候，人家都在学初三的英语，我默默地、发狠地，从初一英语学起，自学。一年时间，我的英语成绩升到了 95 分。小的时候，我的作文非常糟糕，小学和中学，我的作文从来没有受到过老师的夸奖，我对作文恨之入骨。现在，我的文章一篇篇发表，我的书一本本出版。我终于越过了写作上的"灰色期"乃至"黑色期"。每个人都会有这样的"灰色期"的，别怕。这是人成长、成熟必然要经过的磨难。早经历磨难的孩子，早成熟，早当家，早成才。

阿涛，有的人的逻辑思维比较好，数学就学得特别好，有的人的形象思维比较好，语文就学得比较好，还有的人的大脑发展特别好的区域在音乐、体育、美术，——上天赋予每个人的专长是不一样的。罗丹，伟大的雕刻家，小的时候，他就美术好，其他功课糟糕透了，但是，这并没有妨碍他成为最伟大的雕刻家。

没有什么可以妨碍你成为一个伟大的自己，除了你自己。

别怕，你行，你可以！

你的朋友、老师：管建刚

我在信封上慎重地写：尊敬的阿涛先生收阅。

我从阿涛的日记里，看到了他对自己的认识的转变。

我还了解到，阿涛将我的信给了几位好朋友看，他大概要以此来证明，他不是大家印象中的笨蛋。这一来，很多人都知道了，我索性将信贴在博客上。一些同学跟帖：

"这封信阿涛给我看过，加油吧！如果你自己都认为你是一个笨蛋，我无话可说，一个对自己没有信心的人，怎么能让别人不把你看成是一个笨蛋呢？"

"世界上没有笨蛋，只有勤劳的'蛋'和懒惰的'蛋'。"

"阿涛，不要把自己看扁了，对自己要有自信！你不是笨蛋！加油！"

"阿涛，相信自己，不要为考低分而气馁，不管你是 40 分还是 30 分，大家都会永远站在你这一边。"

聪明不是等出来的

一段时间过去，阿涛的学习状态没有因打消"我是笨蛋"的念头而好起来。

这些天来，他的作业依然拖拉，课上重点讲的内容，练习时依然错误严重，真正导致他"笨蛋"的原因，不是脑子，而是学习态度。上课不听、作业拖拉，谁都没法有好成绩。

我应该告诉他：你为什么成为所谓的"笨蛋"？你应该怎样走出所谓的"笨蛋"？

"你应该彻底地消灭坏习惯。"我说，"人家个子矮的同学，家里人都想办法给他吃骨头汤呀钙片呀什么的，补充营养，以便他长得快、长得高。此刻，你需要补的，是勤奋和努力。"

先从他的作业抓起来。

我发短信给家长，请家长提醒他，上学一定要带上作业本。自己的娃自己清楚，十一长假，不提醒，这作业、那作业，他肯定丢三落四。

万万没有想到，他还是没带。

"昨天我发的短信收到了吗？"

他点点头，妈妈跟他说了。

"那你怎么还忘了呢？"

他没话了。

我打电话给他妈妈证实。果然："昨天提醒他，今天早上还提醒他。哦，他还是没带。"

我问，作业本到底带了没有。

他说没带。

我问，做好了没有。

他说做了。

我问，作业本都在哪里？

他说一本在客厅，一本在卧室……

我问，昨天妈妈提醒你了，早上妈妈也提醒你了，你怎么还是没带？

他说早上没听见。

我同他分析：你的作业没有带，明天我才能批，批了后，你得订正。今天讲解，你没带，听起来不会很清楚，明天订正又麻烦了。况且，明天有明天的作业，两天的作业放在一起"吃"，能不将"胃"吃坏吗？好比你今天不吃饭，明天，两天的饭一起吃，不撑死你？当然，一次这么吃，撑一下也就过去了。经常这样"吃"，时常这样"吃"，能不"吃"出病来？作业经常这样"吃"，学习能不"吃"出问题？

他点着头。真希望他能将话听到心里去，而不只是耳朵里。

是敲诈还是行贿？

事与愿违。

早上，从一位同学那儿知道一件事：阿涛没有做数学作业，本子带来了，对张老师谎称"没带"。老师不能搜学生的书包，不然，侵犯学生的权利。阿涛钻了这空子，被阿豪发现了，趁机敲诈阿涛两块钱。

班里竟发生这等事。骗老师没带作业本不说，还有人抓着同学的小辫子敲诈！

中午吃好饭，我找来两位同学。我和阿涛先进办公室，门关了起来。

我问他有没有没做作业却骗老师说"没带"，结果被同学发现、要挟，付了两块钱。

他说有，说了那事。

"你好糊涂啊，一错在不该骗老师，骗了老师，作业你还得做，还得补，本子明明在书包里，却不敢拿出来补做，要等到回家才可以拿出来。二错在你用钱来收买别人，你不仅花了钱，而且对那个同学来说，也把他推向了错误。"

阿涛出去，阿豪进来。

阿豪承认了这件事，说愿意把钱还给阿涛。我关心的是，阿涛主动要给他钱，还是他提出要阿涛给他钱。他说，是阿涛主动提出给他的。

还了钱，我问阿涛，是不是主动给的钱，让对方隐瞒实情。阿涛说："不是，他发现了我的作业本后，就向我提出两个条件：1. 放学后给他买吃的；2. 和他做朋友。我答应了。放学后我要做值日，就给了他两块钱。"

找来阿豪，复述了阿涛的话。阿豪有点吃惊，眼睛里有泪水，看来，他有震动。我对他说："抓着同学的小辫，让他给钱，他会成为你真正的朋友吗？换一下，有人这样对你，你会把他看作你的朋友吗？"

"钱的面前，最能够看出一个人的品质。"我说，"我期望你能在钱的面前，做个光明磊落的男子汉，正像瞿伟琪说的，钱是最肮脏的好东西。这个好东西，用得不当，要得不当，就是最肮脏的东西。这次，你得到的就是最肮脏的东西，而绝不是好东西。"

处理完了这事，一上午压心头的心事，松了下来。

阿涛啊阿涛，你身上的事真多。还算欣慰，不是他主动收买同学。

搬掉房间里的电脑

了解到，阿涛的房间里有电脑。凭直觉，我也能判断，阿涛作业不上心、拖拉，与房里的电脑有很大关系。电脑游戏的吸引力，像阿涛，绝对做不到电脑放一边，而能自觉做作业的。

能做到这一点，阿涛就不会是此刻的阿涛。

高年级，任课老师一般不再发作业信息，大同学了，该为自己的学习负责。现在看来，阿涛，还没有长大，还不行。

我问阿涛，为什么回家作业总是早上来学校做？

他说，只要作业做好了，爸爸妈妈允许他自由自在地看电视和玩电脑。而所谓的"作业做好了"，能骗过妈妈就行，爸爸基本不过问。

我打电话给阿涛妈妈，谈了我对孩子使用电脑的看法，也谈了其他家长对孩子使用电脑的规则，一般都以奖励的方式，给孩子玩一段游戏和QQ。

隔一天，再联系，电脑搬出阿涛房间了。

记住恨恨的痛

每天写一个素材，一周写一篇稿件，阿涛没写。午饭后，请他来办公室补，补素材，补稿件，没补好。他承诺，大活动时间来补。

大活动时间，他说："管老师，我们要进行篮球赛，我要去打篮球。"

我不同意。理由有二：一班上篮球高手多，肯定赢，少了他，没问题；二他很想打这场球，肯定赢的球，置身其中，自然兴奋。我不让他去，就是要让他好好记住这个痛。

"我求你了。我求你了。我求你了。"阿涛低低地哀求了许多遍。我铁了心："不行！"

见没戏，他飞快地去补，想快点写好，去参加篮球赛。

没多久，稿件交给我。我说："你读过了吗？"他摇头，又去读。再拿来，我说："你大概地估计一下，有多少字？"一估摸，300 来字。不行。

他不情不愿地补："我不会写了，补不出来了。"

"不要紧，我教你。"我看了他的作文，辅导要补充、能补充的地方。

他只好再去改。

过了一阵，连校长过来，说："你们班的陈帅志，打球很厉害。"

阿涛听见了，恨恨地晃动他身前的桌子，敲它，发出很大的声响。那是在向我抗议。

我不理，只当没听见。

阿涛将作文拿过来。我说："你刚才敲桌子，是对我不满呢还是对自己不满？"他眼睛红了。"如果是对我不满，那么我想告诉你，我也对你不满！因为我和你一样，也想去看比赛，肯定是我们班赢的比赛，我当然想看，可是，你在这里，我只能陪你！"

他的眼泪流下来了。为委屈而流？为后悔而流？我就是要让他能够将这件事记住，不忘自己不及时完成作业付出的代价。

"我期望你敲桌子，是对自己作业拖拉，导致不能去看比赛、打比赛发出的警告。只有对自己发出警告，而不是埋怨他人，你才有长进！"

我请他读自己的作文，并作了细致的修改。此刻的他，不一定能够有心情来细细地品和改，我也"醉翁之意不在酒"。没有痛一点的教训，他记不住。

成长，不只是快乐的；痛，也是成长的必须。

尽管阿涛并不一定能明了，老师给他这份痛的背后的责任和关爱。

捍卫他的自信与尊严

每周写一篇稿件，向《班级作文周报》投稿，投稿前，小组成员互写评语。早上，我选录用的作文。看到阿涛的，一惊，有人在他的作文后写："千万别录用，像一堆狗屎，未出娘胎的都知道。"另一位写："好糟，未出娘胎的都知道，千万别录用。"

这段话，阿涛必然看到，能想见他的失落、失意及挫败。

我毫不犹豫地在阿涛的作文上敲了"初选录用章"。

下午，稿件发还学生。学生有喜有悲。最激动最兴奋的，是阿涛。报到他的名字，他猛叫了一声："啊!"下课后，他追着我走出教室，满脸兴奋，满足又忿忿不平地说："管老师，你看，他们竟然这么写我。"

我早知道同学写了什么，佯作不知，凑过去看。阿涛大声念了出来："千万别录用，像一堆狗屎……"此刻，在他，念出来的不是耻辱，而是骄傲，"初选录用章"，对伤人的评价的最好还击。

"好好修改，争取明天的终选录用，用行动证明自己是棒的，好样的!"

阿涛眼里全是自信，他努力地点着头，发誓般地点头。第二天，他在"每日素材"里写：每次他们给我的稿件写推荐语，都没好好看，他们认为我学习成绩不好，作文一定写得很差劲。我一定好好学习，让别人看得起我!

我在一旁写道："对！看你行动，光说不动，你就输了。"

我敲下了"终选录用章"。我要维护他的尊严。对教育而言，还有什么比维护人的尊严更重要的呢？

阿涛又写了《我们班的暴力组织》，他已经很长时间没写出这么好的作文了。课上，他朗读了自己的作文，阿涛的朗读居然很有表现力。阅读课上，没有表现力，大概是预习很不到位的缘故。

针对此文，朱立凡写了"心里话"，我刊在《班级作文周报》上：

阿涛，你的考试成绩不怎么样，这次却一鸣惊人，你竟写出了一篇超过600字的作文，质量还很好。管老师让你上台读，一读，更惊人哪，你竟有如此高的朗读潜能。你只要读清楚些，发音标准些，不读错，一定能有好成绩。另外，我发现你数学、英语并不差，有一定的潜力，只是你不发奋，不发挥。

这阵子，阿涛的爸爸和妈妈吵架，吵到了离婚，他很担心，心声吐露在作文里。我问他，愿不愿意发表在《班级作文周报》上。

他愿意。《班级作文周报》周末出版。阿涛说，妈妈搬出去住了。

对此变故，我很担心。我叮嘱他，要做一个让妈妈放心的小小男子汉，我把"放心"两个字咬得很重，我们学过《少年王冕》，王冕就是一个让母亲放心、安心、暖心和开心的好儿子。

两天后，得知阿涛妈妈搬回家了，他高兴，我也高兴。问他，有没有给爸爸妈妈看《班级作文周报》。他说没有。我建议他，将《班级作文周报》放在爸爸妈妈看得到的地方，让爸爸妈妈看看他的心里话。他说，这样写，爸爸妈妈会骂他的。我说，爸爸妈妈看到了，一定会重视你的感受的，为你爱的家庭、你爱的爸爸妈妈挨点骂，算得了什么？他点头了。

傍晚，我打电话过去问他怎么样了。他说已经把《班级作文周报》放在显眼的地方了，只是爸爸妈妈还没看到。他的声音压得很低，充满了调皮。

我顺便提醒他，没背的课文要背出来，再有三天就考试了，他愉快地答应了。看来，情感做在前头，对教学很有利。

阿涛，唯一的支持者

去食堂，要队伍整齐，才能出发。到食堂门口，再次整队，两列队伍交叉，有序领饭。

吴新伊喊破了喉咙，队伍还老样子。陈小青和王宇俊等人，说的说，笑的笑，闹的闹，我让他俩来整队。两位整了很长时间，整不好，隔壁班早走了，咱班折腾着。

我问他俩，整队难不难？

他俩说难。

我对他俩、也对潜在的不遵守纪律的人，大声道："就因为队伍里有很多个像你一样不守纪律的同学！"

下楼，一些男生跑了起来，我大喊："不要跑！"楼下或许有同学跑上来，安全隐患啊。

还有同学往前冲啊，跑啊的。

到楼下，我请跑的同学回到楼那边，再走回来。

好些同学对我有意见："管老师真讨厌。"

阿涛说话了："你们为什么说管老师讨厌呢？管老师做得都对呀，管老师让大家整理好队伍再走，这有什么错呢？不遵守纪律要接受惩罚，再走一遍，这也对啊。为什么管老师做得对的，你们却讨厌呢？"

阿涛的话，大家都听到了。

吃好饭，回到班级，我重复了阿涛的话："要是你认为，迁就你，不排队，不扫地，不守纪律，不安静等候老师来上课，这就是好老师的话，我宁愿是个坏老师，哪怕，只有阿涛一个支持者。"

信任与信任危机

我要求阿涛，今晚一定要背出课文。他答应了。

"答应了就要做到，做不到，那你就是小太监。"

他问："为什么？"

我说："不是男子汉，又不是女人，只能是小太监啦。"

阿涛没说什么，向我要白纸。拿了纸，他在办公室写，不知道葫芦里卖什么药。

写好了，纸条给了我。上面写着：我阿涛一定会背出来，背不出来就是小狗。

次日早上，阿涛一见到我，自豪地递给我家长的背诵签名。同时又抱歉地说，早上，一个作业本忘带了，已经打电话回家，家里人会拿来的。下午，果然拿来了。

我夸了阿涛，这才是小小男子汉；答应的事，就该做到；男孩子，就该有血性，一诺千金，一言九鼎！

阿涛越来越信任我。

阿涛走过来，神秘地对我说："管老师，今天的课上，有人不爽，说你坏话。"又说："你千万不能告诉她是我说的。"

课间，我刚好单独见到阿涛所说的、说我"坏话"的女生，与她耳语："课上，你不好好听课，说我坏话啦。"

没想到她叫了起来:"阿涛!"

大概过了十来分钟。阿涛在楼上大喊:"管建刚!管建刚!"

楼上楼下的人都朝着他和我看。

他肯定认为是我告密。

果然,我一到楼上,他黑着脸,冲我嚷:"谁叫你对她说是我告诉你的,不守信!"

"我根本没有对她说,她一猜即中啊。而你,她一说,马上投降了,承认了,是不是?"这次,他倒爽快地向我道歉。

"道歉有什么用呢?"我说,"刚才,那么多人听到了你的大喊,你的不尊敬老师的行为,你的带有侮辱我的话语,这些,难道是一声'对不起'能解决的吗?"

他尴尬地呆在那里。

一份无名的礼物

经历的事儿越多,彼此的故事越多,感情往往越深。阿涛与我,也如此。

早上进教室,批改同学的回家作业,有错的,可以及早发给同学订正。

批好,回办公室泡了杯茶,端起飘着清香的茶杯的那一刻,咦,眼前多了个笔筒,比我原先的那个,大气得多,漂亮得多,我那个,白色,这个,红色;我那个,方的,这个,半圆加长方形;我那个,没上下层,这个,上下层,半圆形能打开,四层。

谁落在这里了?笔筒上留着两张纸条,上面那张写着:送管老师。

下面那张写着:管老师,这是我送给您的,别的同学见了,您就说自己买的。别人问您为什么重新买，您就说："我的笔筒里面都是红墨水，所以重新买了一个。"

琢磨字迹，阿涛。前两天，他见我洗笔筒。几支笔，没有笔套，插在笔筒里，笔芯朝下，墨水流出来，笔筒里全是。

从旧笔筒里取出笔、尺、橡皮，装进新笔筒。眼前浮现出阿涛的面容来。端起茶杯，看着笔筒，袅袅的茶香钻进了我的心里。

阿涛毕业了。阿涛的学习并不优秀，我却想念这个高高大大，稍有点胖，一笑起来，有两个酒窝的男孩。

个案三：她为什么自闭？

她没有一个伙伴

接班没几天，小醅给我留下深刻的印象。

她从不跟我主动说话。我主动与她打招呼，她一脸冷淡，爱理不理。她总一个人默默地在座位上看她的书；不看书，一个人在走廊上孤单徘徊。每个学生都有自己的小团体，课间，午间，自由活动，伙伴是童年生活的精神源。她没有。

小醅三年级转来的，姓，不多见；名，不多见。脸上痘多，口齿不伶俐，成绩一般，身上有狐臭味儿，大家都不愿和她玩。

她看老师，不是漫不经心就是怒气冲冲。老师对她提出点建议，她怒目而视，恨恨又冷冷，冷冷又恨恨。

　　缺少伙伴，游离于集体之外，也就缺少友情与温暖。她，可能正走向自我封闭。

　　班主任张老师产假，新任班主任是个没结婚的娃，与她交流，她也说不上什么。看来，我得多费心。

了解家里的她

　　小醯交作业，本子一递，面无表情："喏，作业。"冷淡，不，冷漠。

　　张泽豪说："管老师，小醯很不尊重老师，你看她交作业时的脸。"

　　学生都能感受到，足见问题的严重性。每到下课，小醯总趴在桌上看课外书，任旁边的同学谈笑打闹，她仿佛置身于另一个世界。我尽可能多地微笑着与她对话，尽可能多地耐心、耐性地与她对话。

　　小醯妈妈说，在家里，女儿话不少，在学校不知怎么的。

　　我坦诚：小醯缺少伙伴，缺少交往。同学在操场上玩，她一个人，想上教室去看书，又怕大家说她不合群，只好孤零零地站在操场边；站了一会儿，一个人偷偷回教室看书。小醯一天到晚扎在课外书里，极有可能是没有朋友、没有伙伴导致的，她极有可能是以看课外书来逃避孤独，逃避现实。

　　小醯妈妈说："管老师，没想到这么几天，你对小醯这么了解。我担心的也是这个。"

　　小醯的问题主要来自两个方面：一班级同学对她排斥，同学说她身上有一股怪味，不愿与她做同桌，一起玩耍；二教师缺少对她的鼓励及鼓励性引导。这几天，小醯与我交谈，面部柔和多了。她对老师的敌意，可能来自教师对她的不关注，她对老师冷淡，又不交流，容易导致老师也对她冷淡。恶性循环。

一个人在一个群体里，一旦有了地位和知名度，不愁没有朋友。问题是，怎样树起小醮的班级地位呢？

《班级作文周报》。我可以用手中的发稿权，多发小醮的稿件，让小醮成为学生眼中的写作新星。小醮的阅读量大，语感很不错。有可能。

遗憾的是，她的稿件很马虎，应付了事。那天傍晚，我找她："小醮，你很有写作潜能，为什么不发挥出来？只要你认真写，这一周，一定发你的作文。"

"我为什么要发呢？"她无所谓地答。

我始料未及。老师主动约学生的作文，高兴都来不及呢。我很想知道她为什么有此想法。她不答。我追问，她一转身，走了。得空，我再找她，瞎聊一会又入主题，敏感的她，看出来了，说："管老师，你在兜圈子，快说吧。"

两天后，小醮没来上学，看病去了。我在班级"心情留言栏"给她留言：你身体好点了吗？祝你周末愉快。期待你写出一篇好稿件，期待！

我没有署名，她能猜出是谁写的。

皮肤病使她抬不起头

我打电话给小醮妈妈，问小醮的病怎么样了。

小醮妈妈告诉我，昨天带女儿去上海看专家门诊，小醮脸上，有不少类似于青春痘的红痘痘，专家说没问题，肯定会好。这几天，小醮回家，经常说班上的事情，也说和同学一起玩的事。

我说，课外集体活动，小醋和同学的交往、交流有所改变，我也关照几个女生，有事没事找她一起玩，她内心里期盼着和伙伴一起玩。不过，课间，她还是一个人蒙头看书。

我也说出了心中的疑惑："小醋，她不想在《班级作文周报》上发作文。"

小醋妈妈说，她怕烦，发表作文要修改，要输入电脑。但真录用了，很着急，很上心，要尽快输入文字。

"要真是怕麻烦造成的，请你帮她输一下。"我说，"我想通过发表作文，在班里树立起她的成就感和知名度。我担心，她不想发表的原因不在这里。以往，小醋一直游离于班级之外，而《班级作文周报》，正是利用班级伙伴、同学间的相互竞争、绿色竞争、双赢竞争，从而形成良性循环。小醋不想发表的背后，是不是她不想融入班级的心理在作怪。"

我请小醋妈妈督促一下，督促几次，发表几次，她的兴趣、信心或许能调动起来。

双休日，学生写一篇稿件，周一投给《班级作文周报》，我选出优胜稿，发表在《班级作文周报》上。周一到了，我急切地看小醋的作文，很失望，还是应付。周记本退还给她，要求重写。她问我，可不可以回家写。

"不行。"我说，"你好几次的稿件，连基本要求都没达到。这次，你要留下来，写出我认为的你的水平，才能回家。"

她为什么不起劲？难道不幸被我猜中？重写的作文交来，我仔细读了，她的语言感觉真的很棒，一些语句具有诗性的跳跃。我顺便问道："皮肤病好多了吧？"

"嗯。"她点头，脸上抑制不住的欢喜。

“向小醯学习！”

开学第一天，我说，我喜欢爱看书的学生。其他同学玩得起劲，小醯投入地看书。我掏出手机照了相，说：“管老师愿意将更多的读书的身影，留在手机里。小醯是第一个。”

班长耿扬说，说不定小醯缺少大家庭的温暖。缺少班级温暖、伙伴温暖、教师关怀的小醯，的确陷入了非常孤独的生活境地。怎样帮助她呢？怎样让她感受到班级生活的温暖呢？怎样让她能够明媚起来呢？要在她的心灵里照射明亮的阳光，这道阳光的名字叫感情。越是感情稀薄的人越是渴望感情，却又往往容易刻薄感情。小醯对感情很敏感，对于施舍的感情，会本能地拒绝。要找一个温情的通道，使她在不被伤害的前提下，获得班级生活的温情滋润。

光靠我一个人一两次的行为，不能温暖她的心。我和班主任石老师联系，召集几个班干部，一起秘密地帮助小醯，秘密地在“心情留言栏”上用温情去鼓励她。我不能确定，这个做法能够带来多大的效果，我能确定的是，我们的帮助是真诚的，我也相信，小醯能够感受到这份真诚。

那天，上课铃响了，教室里乱哄哄的，一点也没静下来的意思。我很生气：“一个学生，应该知道此时要做的是什么，那就是安静，等待老师上课。我，由衷地希望你们向小醯学习，学习她的安静。”

教室出奇地静。

很多人都把默不作声的小醯忘在一边，忽然听老师说要向她学习，惊了一下，又觉得蛮有道理，镇住了。

小醅与我交谈的话语明显比以往多了。我微笑着面对她，她也微笑着面对我。微笑，交往中最好的试探性语言。

临时有个会要开，放学前赶不回来，得马上去教室布置回家作业。到教室，小醅在，大伙在操场玩。我心头掠过一丝淡淡的哀，小醅与同学、与集体的融合依然有问题。小醅见大家都在伙伴堆里快乐游戏，自己孤零零的，无所事事的，干脆一走了之，这一"走"，与集体生活越走越远。

见了我，小醅主动来搭话。她也想有个说话的伴呀。最近，放学后，她常打电话给我，做什么作业啦，忘了带什么东西啦，有的时候，没什么事儿，也打电话给我，我开玩笑说，家里都给你打穷了。

对，布置作业的事交给小醅："我马上要出去开会，纸条上写着今天的回家作业，请你跟大家讲一下。"

"管老师，你把作业写在黑板上，不就得了。"

写在黑板上，当然行，可你锻炼的机会不就没了？我不同意："有些同学根本不看黑板，再说，要是擦黑板的同学，一不小心擦掉了，不全完了？"

"不会的，他们肯定看的，不信，跟你打赌。"

"这样吧，"我退了一步，"回家作业你对课代表说一下，再由她来说，好吧？"

和课代表说一会话，也跨出了一小步。小醅似乎犹豫，我怕她拒绝，来了个脚底抹油，边走边回头："我走了，你一定要说啊。"

一次"特殊的听写"

每月有一次听写比赛。这次，听写十个名字，其中一个是"小醅"。

小醺的姓与名，都比较难写，一些男生起哄着叫小醺改名。

"名字再难写，也不过两三个字，几年同学，学不会两三个字。你不觉得自己太无能了吗?"我将默写有错的纸条理出来。意外的事发生了，有人故意用"母鸡"代替"小醺"。

我有耳闻，一些同学给小醺取外号"母鸡"。要不要公开? 捂着好，抖开好? 抖开，小醺能承受吗? 捂着，同学迟早会知道——他敢写，必然敢在伙伴间说，那个时候，没有老师在场，一场更严重的羞辱。

与其让大家在背地里耻笑，不如把它抖出来，由老师、同学来主持公道。

部分默写作业展示后，我说："这里有一个本子，你们看，默写成了什么!"

看到"母鸡"二字，同学们哄然大笑。

"看到有人这样侮辱你的同学，你竟然还笑得出来吗?! 难道这就是所谓的同学吗?! 难道你不觉得为这样的行为发生在我们班而感到羞愧吗?! 难道你还笑得出来吗?!"教室里顿时静寂无声，我故意不平静，故意愤怒，"让我们来看看，这个本子是谁的? 让我们来看看，是谁，做出这样混球的举动!"

教室里静极了，所有的同学都静静地等待着结果。

王宇俊。

"王宇俊。请你站出来! 不管你出于怎样的理由，做出这样的举动，你都必须慎重地向小醺道歉，鞠躬道歉!"

王宇俊道歉后，我说："我没有资格叫你回到座位上，要看小醺原不原谅你。"

有同学小声对小醺说，别原谅他、别原谅他。看来，大家都认识到这样做是大错，伤人的尊严。大家同情小醺，支持小醺。小醺轻轻悄悄走上来，轻轻悄悄对我说，她原谅王宇俊。

很多同学就此事写了作文。

耿扬说："我为小醯感到难过，她在班里默默无闻，没有什么出色的表现，大家都不和她玩，这一点，已经很让她难过了，王宇俊辱骂性的听写，一定对她造成很大的伤害。我看到她脸上依然有点笑意，但笑意的背后，一定是波涛汹涌的哭泣……"

杨秋凡说："这是一种对同学的侮辱，王宇俊一定知道，'小醯'不叫'母鸡'，他为了好玩，嘲讽小醯。这事要是发生在他身上，他也会发火，这种做法可恶、恶劣。"

朱欣宜说："管老师把王宇俊的本子撕了，我认为应该撕。这是在侮辱小醯的人格！作为同学的王宇俊怎么能这样做呢？小醯很坚强，她没有流泪，我钦佩她，换成我，早伤心死了。"

陈一言说："人家毕竟是小姑娘，心肠软，原谅了他，还对他说'以后不要这样子就行了'，从我的角度来说，小醯不应该原谅他，因为他这种行为是对同学的污辱！"

李静贤说："有一个同学将'秦婧好'写成了'秦金鱼'，将'小醯'写成'母鸡'，我们爆发出一阵哄笑。管老师脸色铁青，严肃地站着。到现在，我们还没看到过管老师气愤到如此地步。"

王宇俊也在反思，他写："对于小醯，我真的很对不住，小醯原谅了我，让我回座位，老师就真的让我回去了。我真是以小人之心度君子之腹……"

她受的伤很深

重大发现：小仪和小醯成了很好的朋友。

与小醯交朋友很难，她说话冲，很伤人，要有耐心，不计较。我找到小仪，请她多宽容小醺。与小仪成为朋友前，小醺几乎天天打电话给我。和小仪成为朋友后，也几乎天天打电话给她。小醺渴望交流、渴望友情啊。

几个男生仍叫小醺"母鸡""毛手人"。"母鸡"，小醺的姓名与此音相似；"毛手人"，她手上的汗毛较长。小醺往后传本子，有人叫："毛手人"拿过的本子，我不要。男生间吵架，会这么攻击对方："母鸡"嫁给你好了。

最可恨的，这些，竟都当着小醺的面说、叫、喊。

最后怕的，小醺对此居然无动于衷。昨天，班主任得知此事，请副班主任借故调走小醺，班主任严厉批评了男生。班主任关照，这事不要对小醺说，怕对小醺造成伤害。事实上，那些男生对小醺的伤害性行为，大家知道，小醺也知道。

我找小醺谈，看她的反应。

聊到男生对她的侮辱，她似乎微笑着、似乎很轻松地说："无所谓啦。"

她那种无所谓的"潇洒"，我很担心。男生对她的侮辱早在三年级，她转过来的时候就发生了。起初，她很在意，很伤心，很愤怒，愤怒得握紧拳头。现在，她"潇洒"了，"无所谓"了，与她谈这个问题，她还在我的办公室里故作轻松地做起了压腿的动作。

我当然看得出，这种潇洒和轻松是"故作"的。我说，这不能无所谓，这是对你人格的侮辱，尊严的侮辱。小醺的眼睛里掉下了眼泪。不一会儿，她又故作轻松起来。我担忧，男生对她的伤害，在她的长期忍耐下，麻木了。我从她妈妈那里了解到，当初男生欺负她，妈妈劝她想开些，别理他们。现在想来，妈妈的劝导是否过于软弱？别人取笑你、践踏你的尊严，我们能忍、有必要忍吗？一次、两次可以，长久下去，会不会使人无视自己的尊严？委屈尊严而后成就事业的人，有，如韩信，胯下之辱，那是抱负、理想下的辱。一个人在侮辱下忍受，容易成为走向极端的人，要么有大抱负，大理想，为抱负和理想而暂时牺牲尊严，要么就此自卑，颓废。

小醣很少主动与人交往，她几乎没有朋友——现在有了小仪和顾君珺两个朋友，在此之前，她几乎处于一个无声世界，一下课，看书；活动课，别人玩耍，活动，她溜进教室，看书，发呆。实在伤心、孤独，一个人跑到楼顶。顶楼有小门锁着，要上去，必须爬小门上那块破了的天窗。只有几个调皮的男生会溜到顶楼上去。

"对男生的行为，以后不要无所谓，拿出你的愤怒，甚至拿起你的拳头来捍卫你的尊严。"我真诚地对小醣说，"老师愿意做你坚强的后盾，只要男生敢说这样的话，你就起来反击，我一定站在你这边。"

她却淡淡地说："随他们好了。"

一个多小时，收获这么个结果，她的心理阴影是很重的。她需要特别的关怀，这种关怀也不应该是老师一个人的关怀，她的伤害来自集体，那么，也只有集体能够更好地医治她。

几个女生由于生理的缘故没有去上体育课，留在教室里。我就与她们聊关于小醣的事。她们都很同情小醣，都说班里的男生很不像话。说起小醣不要我的帮助，她们都惊讶地说："难道小醣就这样过完她的小学生涯？"

我请她们帮助、支持小醣。这之前，她们把同情放在心里，很少落在行动上。"如果仍有男生侮辱小醣，如果小醣依然沉默，那么请你们勇敢地拉着小醣站起来，站出来，回击。"我告诉她们，"小醣目前要的，不是想开点，不是忍受，而是回击，尊严不能这么忍下去，这样忍下去会畸形的。"

路见不平，拔刀相助。她们都慷慨地答应了。

我找那几个经常取笑小醣的男生，逐个谈话；我联系班上其他有影响力的女生，请她们一起来帮助小醣，让小醣的最后一年小学生涯不再孤独，能够最大限度地抹平她心里的阴郁。

语文小助手朱心宜有多个职务，太忙了，我想换人，换谁呢，小醣，她比较空，能够帮我做不少的事情；做了小助手，经常与她见面，谈天也好，观色也好，多了解她；还有，就让她搬本子，看谁还不要作业本！

一次重要的成功

小醢的《一次特殊的重默》，以头条的位置发表在《姑苏晚报》上。

我很兴奋。她，终于以自己的成功获得一席之地。我表彰她，夸奖她，并趁此说了请她做语文小助手的事："朱心宜没有时间保证每节语文课前来拿作业本，没有时间保证每次都来清点作业本。"

她和小仪、顾君珺关系好，我说："我要两个语文小助手，你可以再找一个，小仪或顾君珺？"

起初，她不肯，让小仪和顾君珺当。我装作刚想起来的样子："顾君珺也挺忙的，她是活跃分子，肯定有不少事。"

上任后，小醢工作很得力。语文课前，她们都来办公室拿本子，该清查的本子都清查了。我夸："你们不是合格，简直优秀。"

小醢和小仪也有了更多的话题，两人的友谊也更深了。小醢的校园生活也不再空得发慌，空得孤单。课间，要整理各类作业，要想着收本子，交本子，和同学交流也多了。

有人写了《小朱被"刷"，小醢上任》，记录了此事：

早上，看到小醢靠在栏杆上，管老师正跟她聊些什么。

"朱心宜出来一下。"总那么神秘！我画好记分格，交上去，碰上回来的朱心宜："老师说什么呀？"

"我这个语文小助手换给小醢，"朱心宜顿了顿说，"他们男生不是怕小醢的'毛手'吗？老师就是让她发本子，看他们拿不拿！"

哦，看来管老师的用意还很特殊，不然怎么把朱心宜那么好的干部"刷"下来呢。

语文课上，管老师公布了。几个男生脸上充满了不满。不过绝大多数的同学还是领会了管老师的特殊用意。

下课铃刚响，小醢就和搭档小仪奔到管老师办公室，拿了作业本往楼上跑，又马上把作业本发了下来。

前面的陈一言问小仪："小仪，我的周记本呢？"

"没有啊，可能在小醢那边吧。自己去看吧。"小仪手里的本子已经发完了。

陈一言会去拿吗？他最怕小醢了。上次他的数学作业本发到小醢桌上，小醢碰了碰，他跳得要命。小醢的铅笔放在他桌上，他都跳。这次本子在小醢那儿，他会有什么反应？

"小醢，小醢！"难得听他喊"小醢"，还有点反应不过来。

"哎。"小醢热情地跑过来。

"我的作业本在不在你这儿啊？"陈一言指了指小醢手中的作业本，"你帮忙看一下。"

小醢翻了一会儿："在，喏，给你。"

陈一言接过本子："谢谢啊。"

难得他一点脏话都不带。看来，管老师的选择是正确的！

好几个同学在我博客上留言：

"哦，对了，小醢的搭档小仪，也非常不错，两个人合作得很好。"

"小醢和小仪工作的确很负责任，她们做的，只比前任好，不会差。"

"小醢和小仪一下课就去管老师办公室拿本子，负责得不得了！"

绝大多数的同学理解我的用意、支持我的行动，我取得了预想的成效。

小醢就像一块没有开发过的陨石，身上有巨大的能力，小醢的能量不只能照亮自己，也为班级增添了光亮。

没有完全走出来的她

班主任找到我，一脸生气。

"中午，大家都去吃饭了，小醯不去，做自己的事，不吃饭。从食堂回来，我关心她，问她忙什么，为什么不吃饭，她不说，还对我这样的眼神——"班主任当场表演了一下。我理解，这事，我身上也有过，"她还对我说，我为什么要你管啊？我自己做事情，我自己知道，为什么要对你说啊？我妈妈都知道的，不用你管。"

"真是好心被人当成驴肝肺。我再也不管她了，我把她交给你了。"

"为什么会以这样的眼神看你，因为她总是低着头，不正面抬头与人交流。她为什么不抬头与人正面交流？"

"自卑。"班主任脱口而出。

"至于她说的那些冲人的话，我也听过很多。她为什么会以这样的口吻对老师说话呢？"见班主任在沉思，我说，"她不会交往。这几年，她在班级里基本没有朋友，她总是孤独地一个人，一个人坐在自己的狭小的座位上，看自己的课外书。据我了解，她和目前的好朋友小仪说话都这样的。幸亏小仪很理解她，不怪她。小仪是个很难得的孩子。"

班主任心头的火气渐渐消了。

"对了，她不说的那件事，是你们女人的事。"

班主任睁大了眼睛，满眼的不信。

"我也碰到过，打电话给她妈才知道的。"

　　毕业考试，小醯的语文考了全班第二，全校第三。她的自闭没有进一步发展下去。当然，也并没有 360 度的大转变。有人说，人在本质上活在童年的底色里。但愿专家的话也有不靠谱的时候。

　　初中，小醯将在她妈妈的学校读书。我跟小醯妈半是玩笑半是真，说："别只顾人家的娃，自己的娃，也重要。"

手记八：一线"激励学"

不只班主任需要管理艺术。一线教师每天和学生打交道，也需要管理和管理艺术。激励是管理艺术的核心艺术。善于激励的老师，能够焕发学生潜在的学习动力，于干枯中找到一汪清澈的泉涌；能够点燃起学生内在的精神火种，于困境中获得超越的勇气和力量；能够在学生心中镌刻入奔腾的蓝图，于失败中想见成功的喜悦和美好。

一个人只要不失去求胜的信念，终有一天会越过挫折与失败。一线教师的重要作用之一，给学生打气，鼓励学生自我打气。有人说，教育的第一个名字叫"影响"，教育的第二个名字叫"激励"。斯言信哉。

我的"每日表扬"

表扬一个小优点，可能催化出一个大优点。

我要求自己尽可能做到，每天找到一位同学的一个优点，真诚地表扬一位学生。可以私下表扬，也可以当众表扬。

周一：许悦能吃，食堂吃饭，他常做"乞讨"样："大哥大姐，行行好，给点吧。"今天中午，我给他吃排骨，他推辞，不肯接受，说"老师我够了"。许悦长大了，懂事了。

周二：褚怡君的"家务"是擦黑板。昨天她忘了，常规检查是扣了分。今天她在"每日素材"中写道：我愿意做一些有益的事来挽回班级的荣誉。我相信大家和我一样，愿意原谅这样一位爱班级的好同学。

周三：不论什么时候，我总能看到钮琳波专注地看书的情形。她对读书的热爱，就像对生命的热爱，读书的种子已在她的心田发芽，生根，我敬佩她。

周四：放学后，运动员要训练。朱立群是运动员又是值日生，两者不能兼顾，怎么办？沈勉晖拿起了拖把做起了朱立群的活。劳动是最本质也是最难能可贵的做人品质，沈励晖，向你致敬！

周五：昨天，不少老师来听课。张亚琴和邱丽芳大胆陈述自己的观点和读书心得。今天，她俩敢于站在班级的讲台前；明天，她俩将站在学校的讲台前；将来，她俩将站在社会的大舞台前。

挤不出表扬的时间，"每日表扬"写下来，发于《班级作文周报》。《班级作文周报》上的表扬，优点是留下文字的印痕，缺点是不够及时。开博后，我将"每日表扬"搬到了博客，大大小小，林林总总，积下不少，摘几条：

• 陈天荣来办公室交订正作业，我正在擦地砖。米黄色地砖，常有学生来，留下各种脚印、泥屑。今天阴雨，米黄的地砖显得特别脏。见我擦地砖，陈天荣说："管老师，我来擦。"我批作业，他蹲下来擦。我批好作业，换他，他不肯，擦完了整片地，才将抹布还给我。谢谢陈天荣。很多时候，一个人不大的付出，给他人带来不小的温暖。

• 早上，王宇俊做回家作业。回家作业到学校来做，那不成了"学校作业"？我生气。后来得知，昨天他的作文被初选录用。说实话，我是抱着试试的心情，给他初选录用的，并在一旁指出：围绕"刺激"写。没想到，他认真修改，添了很多内容。我为他的认真修改而感动，没完成作业而生的气，没了。多写不如多改。王宇俊能这样做，期望更多的同学也能这么做。

•教室里一片狼藉，这倒不是周五的同学没做值日，周六、周日，教室在整理线路，换多媒体设备。周一，换座位，理出不少的垃圾。出操的时候，我问："谁愿意留下来打扫教室？"王心怡、陈帅志、沈翔率先举手。等我们回教室，教室已经焕然一新，三位同学值日，既快又好。

•吃好饭，我走出食堂，陈一言追上来。"管老师，上午的测试，有一道题我不会，瞄了一眼，正好看见同桌的答案了。"他说，"老师，你把那1分扣掉吧。"见我点了点头，他长长呼了口气："说出来了，我心里舒服了。"陈一言在知识测试中丢了1分，却在道德与良心的测试中，得了100分。

•晨读，朱冰清和俞雪玥来得稍微晚了一点。朱冰清从交作业本，到拿出课外拓展阅读本，花了46秒，俞雪玥花了57秒，都不到一分钟，且没说一句话。每一个六（1）班的同学，到校后，都能这样快捷地交，快捷地拿出书，多好。

•用课件时，拉起窗帘，开一组灯，效果好些。下课了，吃午饭了。大家忙着排队。邓书婷发现灯亮着，跑过去关了。这个不经意的动作，让我读出了邓书婷的可贵：一节约意识，中国的人均能源很少，节约是美德；二集体意识，一个班级，走空了人，灯亮着，多少说明点问题。有集体意识的，不只为自己做事，也愿意为集体做事。而愿意为集体做事的人，集体最终会给他巨大的回报。

•中午，朱心宜去苏州矫正牙齿。回来，已是下午第三节课。有些作业，同学们利用中午完成了。不知道朱心宜用了什么时间，放学前居然所有的作业都做好了。我想，奥秘在于她能管住自己，作业放在当下的第一位，这是一个学习优异的人必须具备的学习品质。

• 上班路上，我买了份《扬子晚报》带到学校。几个男生进来，看见报纸，看了起来。看后，随手放在我的桌上。随手放，当然乱。一旁的晓辰见了，将报纸摆放整齐。一个随手，折射出多么好的教养。

• 词语默写，张泽豪错了三个。我让他回家复习，重默。昨天，张泽豪将在家默写的本子拿给我看，已经批好了，错了两个。我很高兴，他在行动，在进步。今天，他又将默写的本子拿给我看，只错了一个。进步是靠这样的勤奋得来的！

……

促使学生向身边的榜样看齐，学习，追赶，是班级授课制下最重要的教育教学优势。榜样需要教师去发现。教师每天发现一个表扬的对象，就是每天给班上注入一股榜样的力量，就是每天给学生注入一泓心灵的清泉。

"管老师专项奖"

"三好学生""进步学生""文明学生"等奖项，都由班主任主持。我呢，推出"管老师专项奖"。学生并不怎么在乎奖品，学生在乎的，是老师的认可、肯定、欣赏。每个奖项，我会写一段颁奖词，宣读，发博客上。

最佳语文小助手：小仪和小蕴。

颁奖词：

我的办公室离班级比较远，两位同学经常来办公室，看有没有要发的作业本、订正本，查没有及时交作业的名单，为我分担了很多工作，也为大家的语文学习贡献了力量。

最大进步奖：阿涛和阿明。

颁奖词：

他俩从来没有考过"优秀"，这次，都考了 90 分的好成绩。进步来自他们的付出和努力。复习阶段，各门功课都有很多任务等着他们完成，他们挺过来了！

作文新星奖：吴新伊、史浩宇、沈瑜捷。

颁奖词：

吴新伊的《翠竹园小记》发表于《姑苏日报》，《春天无处不在》发表于《小学生世界报》，《宁静的夏天》发表于《吴江日报》，一个学期发表了三篇作文，当之无愧的作文新星。史浩宇的《同桌冤家》发表于《中小学电脑报》，《妈妈的唠叨》发表于《姑苏晚报》，他的写作态势非常好，男生中崛起的作文新星。寒假里，沈瑜捷的稿件写得最认真，4 期"寒假专刊"发了 4 篇作文，其中的《我终于拥有了龙猫》，报社看中，发表。

作文成就奖：耿扬、陈帅志、李静贤、陈小青、朱心宜和归少东。

颁奖词：

（1）耿扬，苏州市"金鸡百花奖"征文一等奖获得者。《特殊的重默》发表于《关心下一代周报》；《看广告》发表于《姑苏晚报》；《我为大家抄古诗》发表于《少年智力开发报》；《另类归少东》发表于《中小学电脑报》。（2）陈帅志，上个学期发表了 5 篇作文，《小学生阅读报》《吴江日报》《小天使报语数英大王》《姑苏晚报》，都发表过他的作文。（3）李静贤，苏州市小荷当场作文大赛特等奖获得者，《让我欢喜让我忧》《夏夜》发表于《姑苏晚报》；《橘子，我的恶梦》发表于《中小学电脑报》。（4）陈小青，上个学期也发表 5 篇作文，《"垃圾箱"变"百宝箱"》发表于《故事作文》；《老爸是福尔摩斯》发表于《小天使报语数英大王》；《该死的大脚》发表于《姑苏晚报》；《十样树》发表于《小学生世界报》，《不识庐山真面目》发表于《故事作文》。（5）朱心宜，发表了四篇作文。《张老师，回来》发表于《小主人报》，《出板报》

发表于《少年智力开发报》，《捍卫日记》发表于《少年儿童故事报》，《王者刘翔》发表于《优秀作文选评》。(6) 归少东，苏州市"金鸡百花奖"征文一等奖获得者，《重瞳》发表于《扬子晚报》，《行天下》发表于《少年儿童故事报》。

我的奖项不像学校奖项那样固定，随着教育教学的需要而变化。如，为了激励学生的课堂表现，我设置了"课堂表现奖"——

课堂表现奖：史浩宇、邹铭恒、孙在君、吴新伊、葛佳玥、顾君珺。

颁奖词：

6 位同学发言积极。发言积极，至少说明课上不开小差，注意力集中在"听"和"答"上。课堂发言要有勇气，当众阐述自己观点的勇气。课堂发言，也是相互交流、碰撞的必须。没有碰撞与交流，群体学习的优势就不能有效地发挥。感谢 6 位同学，因为他们，教学环节流畅了，交流活跃了，课堂精彩了。

抓"作业细致"，我设置了"细致作业奖"——

细致作业奖：杨秋凡、戴岑容、王心怡、姚昕怡、小仪、朱心宜、耿扬。

颁奖词：

上学期，"细致"是我们的主旋律。7 位同学，作业细致，字迹认真，答题仔细，是我们的榜样。杨秋凡是唯一获"细致作业奖"的男生，细致必将使他稳居学习榜的前列。细致，依然是本学期的主旋律。期盼在这几位同学的示范下，能有更多的同学做得更好。

抓"作文态度"，我设置了"作文勤奋奖"——

作文勤奋奖：闻贡源。

颁奖词：

闻贡源一个月的写作量，几乎是一个普通学生一学期的量。开学 5 天，他写掉了一个周记本，6000 多字，惊人！闻贡源告诉我，老妈怕他偏科，规定每天写日记不超过半小时。每次，他都紧张而充分地利用好半小时的一分一秒。世上没有天才，只有勤奋的人才。闻贡源即是。

与学生交往过程中，一些同学的勤奋、善良、真诚、责任等感动着我，于是有了"感动我的学生奖"——

感动我的学生奖：邓书婷、李静贤、小英、小仪和吴新伊。

颁奖词：

（1）邓书婷。12月，邓书婷写完了两个周记本，我们班唯一一个月写完两本的学生。1月份，期末考试，到15日，她又写完了一本。她获得了"交通杯"作文大赛的特等奖。成绩是干出来的。邓书婷的努力和勤奋，让我感动。（2）李静贤。大家应该还记得，复习期间，她的试卷丢了，打电话问我，我说那就自己看看书吧。她居然借别人的试卷，抄了一遍。李静贤的作文越写越好，在《班级作文周报》上发了很多习作，很多习作被评为佳作，一次，我们用她习作中出现的"反复"手法进行了模仿和练习。面对别人的荣誉，李静贤从不嫉妒，而是衷心地为朋友、为同学感到骄傲，每次需要鼓掌的时候，她总是那么真诚地祝福。（3）小英。她的语文成绩不算好，这次期末考试，超过了平均线，可喜可贺。小英的作文原不怎么样，她的《新年心愿》却在《吴江日报》上发表了。能够不断超越自己的小英，令我感动。（4）小仪。朱心宜的《向她看齐》一文，可以看出小仪的学习状态。小仪的素材本，总干干净净、清清楚楚，她的稿件越来越精彩，是较早被评为"作文小能手"的同学之一。还记得两个月前，我发在博客上的《温馨的板蓝根》吗？令我感动的板蓝根。（5）吴新伊。每天扯着嗓门喊"整队"，一天又一天，一月又一月，她对自己的那份工作最负责，她尽了自己的力来扛自己的那份责任。

我颁过"我的老师"奖，获奖者是归少东。那天我读到归少东的日记：

语文课上，管老师说的"对痛苦要有一种风度"，要我们坦然面对痛苦，乐观地生活，就像《水》的作者马朝虎。

面对痛苦有一种风度，那是一种很好的对付痛苦的办法。大家有没有想过，还有一种更好的"风度"，能够使痛苦永远地消失，那就是佛所说的"无欲"。"贪、嗔、痴"这三欲是痛苦的根源。当你没有了欲望，也就制止了痛苦，就像《摩诃般若波罗蜜多心经》上说的："无眼耳鼻舌身意，无色声香味触法，无眼界，乃至无意识界，无无明，亦无无明尽，乃至无老死，亦无老死尽。"痛苦，在于你的欲望。无法洗澡，痛苦吗？不能吃饭，痛苦吗？得不到想要的东西，痛苦吗？交不到朋友，痛苦吗？如果你抛弃这些欲望，你还会痛苦吗？

我很震惊，震惊于一个小男孩能够说出这番话来，我想在他的日记上说点什么，想了半天，结果，我只能写：归少东，我得拜你为师！

每个学期，都有的奖项是"我的'得意学生奖'"，学生也特别看重——

我的"得意学生奖"：耿扬和朱心宜。

颁奖词：

（1）耿扬。课上，我常看到她专注的神情，常看到她奋笔疾书的样儿。勤奋造就了她。她的《家长百货店》在《扬子晚报》举办的"新体验"作文大赛中，获第九名。她在小荷作文学校也声名显赫，获"万字写书"大赛吴江赛区第一名，她的《我的老师》发表于《姑苏晚报》。（2）朱心宜。她的作文总洋溢着生活的美，洋溢着对同学的友爱，对老师的尊敬。她的笔所触及的，正是她的心思所想。这个年龄能够将笔墨真诚地洒向生活的、真实的美好，了不起。她的作文屡屡在《班级作文周报》上发表，且常常被评为佳作，一个学期里，她在《扬子晚报》《中小学电脑报》《吴江日报》上发表了好几篇作文。她没有因此骄傲自满，写作依然勤奋。

对于那些表现不太出色，却很潜力的学生，有"我最期盼学生奖"，获奖词既表扬他们的优点，也指出他们努力的方向——

我最期盼学生奖：陈天荣、陈小青、徐泽辰和瞿伟琪。

颁奖词：

（1）陈天荣。一个充满活力的男孩，乐于为班级做事。如果不是伤人的话太多，他在咱班将有更好的声誉。期待着他能够沉静一点，能够三思而后"言"。学习上，他上进，有一股不服输的劲儿，因为这一点，我期盼着他能够在语文学习上，向更高的要求看齐，向跑在自己前面的同学看齐，做更好的自己。（2）陈小青。一个很有写作天赋的女孩。这学期，多篇作文被评为"佳作"，她的《我喜欢的床》和《编小报》发表于《姑苏晚报》。她又是个玩心很重的女孩，我期盼着她能够把心收住，将自己的写作才华更快、更好地表现出来，成为有影响力的"班级小作家"，我也期盼着她能够在课堂上安静地听讲，不与同桌、周围的人争吵。她一定会更出色。我期盼着。（3）徐泽辰。同学的作文中写，徐泽辰是数学天才。所谓天才，不教而会。徐泽辰的"数学天才"是后天学出来的、练出来的，我期盼着徐泽辰，能够以学习数学的劲儿，来学习语文。徐泽辰的《作文心情录》将发表于今年第四期的《快乐作文与阅读》，到时候，杂志上还有他的照片。这也说明，他的语文学习也是有"天才"的，现在缺少的是用"努力"这把镢头，来挖掘、开采。我期待着。（4）瞿伟琪。瞿伟琪非常聪明。语文考试，每次他都能考个 80 来分，状态差一点，70 分，状态好一点，90 分。或许你说，成绩不怎么样呀。可你知道吗，课上，他真正听讲、思考的时间，不会超过 10 分钟，算一笔账，四分之一的学习时间能考到 80 分的成绩，不聪明又是什么？期待着下个学期，瞿伟琪能用二分之一的时间和精力来学习，那时候，他将很了不起！

这些奖项，一般都在期末复习期间颁发，每日一项，颁发一个多星期。复习最紧张的时期，这些奖励能成为一股鼓励的清泉，流进学生的心田，为紧张枯燥的复习注入点期盼的新鲜。也有的时候，放在开学初。开学初的奖励，对当学期的激励作用效果好。

邀请学生帮老师做事

小学生喜欢帮老师做事，在他们看来，帮老师做事是莫大的荣幸和奖赏。我常将一些学生能做的事情省下，请学生帮忙。学生在帮你做事的过程中，会与你亲近起来。亲其师、信其道。亲，交往中来的。

学期初，作业本要开名字。"教师"一栏，敲我的图章，这活儿，省着，请同学做。敲着章，聊着天，暑假去了哪里，暑假有什么可气的事儿，又有什么可乐的事儿。

办《班级作文周报》，要用"用稿通知单"、"刊用纪念卡"，上面要盖《班级作文周报》的章，请同学做，章，敲得可欢啦。

每期《班级作文周报》，送平行班，送教导处、校长室。请学生送，学生兴奋哪，那可是代表全班同学面向全校的事啊。

给家长的信，信要折起来，装进信封，挺费时间。请同学帮忙。装信封，封口。一旁来交作业的同学见了，申请："老师，让我一起做吧。"

带口信，找某个同学来。这孩子，简直成了钦差大臣。到班级，大喊："某某，管老师叫你过去。"

单元卷批好，请同学发，一个好差事。谁想早点知道成绩，就得找他。那一刻，帮老师做事的无上光荣，一下填满他的胸膛。

张奕的字漂亮，请她给作业本开名字。既得到了最高肯定，也得到了一次锻炼。我呢，也省出了时间。

带班吃午饭，请同学帮忙倒饭盆。一旁的同学争着去倒。我笑着对倒饭盆的同学说"谢谢"，她开心死了，整个中午都很兴奋。

·············

一线教师，诸如此类的事儿多着呢，请学生做，既激励了学生，也减轻了自己的负担。一举两得。

药走偏方：化批评为奖励

批评对于学困生乃家常便饭，都产生抗药性了。化批评为奖励，药走偏方，可能出奇效。

俞雪玥看起来文文静静，作业本上的字，一点也不文静，图快，写错了，也不擦，涂抹一下，继续。口头、书面提醒了几次，她充耳不闻。

找她来，本子打开，她一看，脸红了。

"可能是你没有修正带或透明胶吧，"我不批评，替她着想，"这里有一卷新的，奖给你。我相信，有了透明胶，俞雪玥不会这样了，这是提前给你的奖品。"

又一次，评选最遵守、最不遵守课堂纪律的同学。三位男生被评为最不遵守课堂纪律的人。最遵守纪律的同学宣布后，我说："以下同学，被评为最不遵守课堂纪律的人，他们是——"同学们都屏息凝神，等待结果——"我不说了，相信这几个同学都已经心中有数。"

课后，悄悄找来三人。他们都静静地等我发落。我拿出三张"优先刊用卡"——拥有此卡，能优先在《班级作文周报》上发作文，说："这三张卡，奖励给你们的。"他们都闪烁着惊讶的眼光，他们一定看到了"优先刊用卡"上的八个大字：战胜缺点，战胜自己。

他们拿着卡走了，走得不很沉重，也并不轻松。

南部非洲的巴贝姆巴族，族里的人犯了错，族长让他站在村落中央。这时候，部落的人会放下手中的活儿，从四面八方赶来，围住他。围上来的人，自动分出长幼，从年长的人开始发言，依次告诉犯错的人，他曾经为部落做过哪些善事。前面已经提及的优点和善行，后面不再重复。"赞美"仪式结束后，举行盛大庆典，部族中的男女老少都要参加。人们要载歌载舞，用隆重而热烈的礼仪，来庆贺犯错的人脱胎换骨，悔过自新。

用赞美来治疗犯错的心灵。一个古老部落的古老习俗，带给我们新鲜而深刻的启迪。

不妨和学生打个赌

1998 年 11 月 9 日，美国犹他州土尔市的小学校长路克，从家里爬行到学校。原来，学期初，为激励全校师生的读书热情，路克在全校师生的集会上公开打赌："如果你们在 11 月 9 日前读书 15 万页，我在 9 日那天爬着去上班。"

所有师生猛劲读书，连幼稚园的孩子也参加了，终于在 11 月 9 日前，读完了 15 万页书。有的学生打电话给校长："你爬不爬，说话算不算数？"有的老师劝路克："你已达到了激励的目的，不用爬了。"路克却一诺千金，早上 7 点离开家门，爬行上班。过往的汽车向他鸣笛致敬，有的学生跟着一起爬。经过 3 小时，磨破 5 副手套，他终于爬到了学校。全校师生夹道欢迎，孩子们蜂拥而上，拥抱他，吻他……

英国南部的一所学校，有一位老师任差班的班主任。孩子很调皮，爱捣蛋。老师第一堂课跟他们玩，玩得天昏地暗。下课了，老师对他们说："孩子们，你们要是把学习成绩搞上去，我就去吻校外放牧场里的一头猪。"孩子们都希望老师去吻一头猪。从那天起，他们课堂纪律变好了，学习积极性很高；有贪玩的，别的孩子也会提醒："难道你不希望看到老师去吻那头大母猪吗？"半年后，孩子们的学习成绩有了很大的进步。老师带着孩子穿过公路，来到放牧场，走近那头大猪，老师轻轻吻了它。孩子们在猪圈外笑得前仰后合，手舞足蹈。

2014 年 4 月 28 日，湖北咸宁市实验小学升旗仪式上，副校长洪耀明也亲吻了小猪，起因是他和孩子们打赌，只要将校门口的卫生搞好了，他就亲吻小猪。

老师和学生打赌，一种很好的激励方式。寒假前，我和同学们打赌："一个月的寒假日记，如果平均一人写掉一本小练习本，即全班写完 32×40 = 1280 页，我在教室里爬三圈。"

这个赌，有难度，却不大。上学期间，不少同学一个月写一本多，乃至两本。只要同心协力，肯定能完成。"有难度"，寒假，外出旅游，走亲访友，谁都想放松一下。转眼，寒假过去了。写完一本的同学，迫不及待地来问："管老师，总共写了多少页？你爬不爬？"公平、公正起见，我请四位同学来统计。统计结果，全班同学写了 1017 页。底下一片叹息声，叹息的是，就差这么点儿就"胜利"了。

打赌中，一部分同学写日记的积极性被激活了。这次，差一点儿，输给了老师，下一次团结起来，赢老师，不也挺好？

与离自己最近的"人"比

我常热情宣布，某某同学创造了本月的课外阅读"班级吉尼斯纪录"，某某同学创造了本周写作的"班级吉尼斯纪录"，某某同学创造了最快作业"班级吉尼斯纪录"，这是挑起学生的好胜心——我要破"班级吉尼斯纪录"。

学困生对"班级吉尼斯纪录"不感兴趣，那太遥远。要为他们找到具有可比性的竞争对手。

上次，阿涛说自己是个笨蛋，数学 30 几分，英语 40 几分。他的语文学习比数学和英语好，能考"良好"。阿明的语文学习有下滑趋势，这几次都比阿涛差。

我找了阿明，"你连阿涛都比不过吗？"

他摇头。

"别摇头。最近的学习状态，他就是比你强，为什么呢？你看看他的字，就明白了。"我翻开阿涛的作业本，不美观，但很整洁，再打开他的作业本，七大八小，邋邋遢遢草，"字写得干净就是认真，阿涛认真，所以语文有进步。"

"期中考试马上就到了，到时候，看你能不能胜过阿涛。"我说，"这不是一个摇头能解决的，要付诸行动。基础的词语、成语，背诵课文，以及课文常识攻下来，会背，会默，默得准确，正确率向 100％进军才行！我等着你超越阿涛。"

送走了满怀竞争心的阿明，我去找阿涛："最近，你的语文学习比阿明要好。阿明准备向你挑战，期中考试要超越你，你敢接受他的挑战吗？"

"敢！"我也向他提出了基础知识掌握扎实的要求，他也答应了。

学困生，要补上薄弱的知识环节，更要激发内心"要学""要比"的心态。学生心中大都有一个离得最近的学习伙伴，与最"近"的伙伴比，能将最"近"的动力激活。

比知识教学、能力训练更重要的

阿明读得很流畅，一个字也没有多，一个字也没有少，一个词也没有破。后面的几个同学，都有读错、读破。

下午，周报讲评课。按惯例，"才运大抽奖"由正式发表作文的朱心宜任抽奖手。我破例，由阿明当。朱心宜，顺延至下次。

有同学在喊："为什么呀？"

我讲了上午朗读的一幕，大家没意见了。我问阿明："《鞋匠的儿子》一文，你读了几遍？

"五遍吧。"

"阅读能力的高低，很大程度上，就是你阅读遍数的多和少；阅读遍数的多和少，很大程度上，就是你的学习态度的好和坏。阿明能够将一篇预习的课文，读了五遍，并且从成效来看，他的每一遍都是认真的，细致的。我也期望，阿明能够坚持这样的'五遍预习法'，我相信，坚持半年，会有惊人的进步！"

一次小小的抽奖，也能激励人。

读课文，我总要走到小英身边，听一会儿，说："嗯，很不错。"小英不自信，不敢当众读。她不是能力有问题，而是需要鼓励，激励，唤醒，唤醒自信和内在的动力。

周末，我悄悄对小英说："下期《班级作文周报》，一定发你的作文，好好写稿件。"周一，她准时将稿件带来了，以往，她的稿件交得不太准时。我连着录用她三篇作文，发在《班级作文周报》上，以此来激励她走向自信。

上个周末，忙研讨会，忘了跟小英约稿，质量明显下降了。幸好，那周的"点题征文"，她写得不错，录用。这个周一，我又约她："好好写素材，选好材料，下周再发你的作文。"

连续三次发表，她的信心增强了，又过两周，《吴江日报》发表了她的作文。我不动声色地将她叫到办公室，拿报纸给她看。一向默默的她，眼睛顿时亮了起来。

一线教师，知识教学、能力训练之外，还有很多重要的事。激励，就是。很多时候，它比知识教学、能力训练更重要，更迫切。

手记九：一线"复习学"

期末考试，考学生也考老师。中国的学校，99％以上都将学生的考试成绩与教师的奖金挂起钩来。这一挂，教师的面子与学生的成绩绑在了一起。树要皮，人要脸。学生考试成绩靠后，同行前话少了，家长前话软了，寒暑假也失去了往日的滋润。小学，知识点不多，平时抓作业，复习抓梳理，模拟抓题型，成绩不会差。公开课、示范课都产业化了，却没有复习课。复习课怎么上，老师各有巧妙，"巧妙"到什么境界，瞎子吃馄饨，心里有数。

谈复习、谈考试，好像与素质教育相悖。其实呢，不研究复习，不给复习中的学生一个好的状态，那才与素质教育相悖。好的复习不枯燥，能激起学生主动复习的状态，能给学生有效的学习方法。

考砸了是好事

一同学写《我最讨厌的一天：期末考试》。说出的，不只是她的心声，也是大多数中国孩子的心声。年级升高，成绩渐降，入学 100 分，渐而 95，90，

85，分数递减，失败感递增，考试恐惧症越来越重。心声归心声，现实归现实，还要面对"最讨厌的一天"。

考试无处不在。求学要考试，工作要考试，人生就是一场接一场的考试。不积极地认识考试、面对考试，人生会禁不起无法躲避的折腾。

不管哪次考试，总会几家欢喜几家愁。昨天，毕业摸考成绩出来了，一位女生郁郁寡欢。逗她笑，她怎么也笑不出来。另一位同学数学考砸，哭了，我在一旁陪她"哭"，总算破涕为笑。

复习阶段，一线教师要调好学生的情绪，使其对下一次考试充满信心，而不是考一次丢一分信心，考两次丢两分信心。我常开导考砸了的同学："这是好事，哪轮得上你哭啊？"同学很费解，一脸"拿我开涮"的不满。

"考100分的同学，说明试卷上所有的题都会，这试卷不等于白做了吗？都会做的题又做一遍，有什么意思？错题，检查出了学习上的漏洞，漏洞检查出越多，越有利于复习。就像去医院检查身体，查出有病，那不是坏事，注意锻炼和保健，或及时治疗。可怕的是，明明身体有问题，却查不出来，小毛病耽误成大毛病。现在不是伤心、郁闷的时候，而是赶紧照着试卷上查出来的病，治疗去！"

我常对学生讲，我们无法改变考试的现实，我们都没这个能力；但我们可以选择面对考试的态度，可以灰心丧气地消极接受，也可以勇往直前地积极应对。朱心宜的《考试，我不怕你》，就是例子：

校园里，以往轻快活泼的气氛紧张了起来；以往的欢声笑语、琅琅书声也成了埋头做试卷。期末考试就要到来！

考！考！考！测！测！测！背！背！背！

语文、数学、英语、音乐、体育、美术，都在迎接期末的考验。老师们脸上也少了几分笑颜。同学们更是发奋图强，抓紧这最后冲刺。

困难像弹簧，你强它就弱，你弱它就强，越怕期末考试，它便会"得寸进尺"，直到你"甘拜下风"。我们高年级同学，已经身经百考，对考试也早已悟出了一点技巧：

1. 认真审题。有的同学不仔细读题，吃亏的还是自己。无论哪门课程的考核，在读题上失分，最不该！比如将语文的造句做成了理解词语；英语判断题中，要求用"F"和"T"来判断正误，而你却打了钩和叉……到时候，后悔的是你自己！

2. 认真检查。这不用再解释了吧！尤其数学，做完后仔细验算，说不定能捡回两三分呢。验算可以反向思考，如：乘法算式验算时变为除法。不要跟着错误的答案走，拿不准的地方要动笔算。还有一些题目，不要自以为聪明地口算，动笔最保守！

3. 心态放平衡。这是最关键的一点。不要因为紧张而发挥失常，要战胜自我压力，放松心态，这样才会考出好成绩！

我总结的三点，是不是有点道理？接下来，我揪一揪自己的病：

语文：阅读题。

病状：对文章理解不深。

诊断书：要反复读短文，至少三遍以上。

数学：应用题。

病状：脑筋不会转弯。

诊断书：可运用画图的方法，标上数据，仔细分析思考。一时半会儿做不出来不要急，沉着冷静最重要。

英语：填空题。

病症：复数处一直忘加"S"。

诊断书：此病症唯一配方即"细心"。

我已全副武装，期末考试，我不怕你，有什么招你尽管使出来，我见招拆招！

此文投《扬子晚报》，一周后见报了。"为什么作文这么快见报？一方面写得好，另一方面，作者勇敢面对考试的勇气！"我说。

这篇作文我一直保存着。以后可以拿出来发在新班级的《班级作文周报》上给大家看。

主动和被动的差别在哪里？

学生做的题目和试卷差不多，主要知识点也是老师讲了又讲；可考试时，有的很棒，有的不怎么样。为什么？

"知识放进大脑，有主动和被动之分。主动学习，自己将知识放到相应的脑区域。自己放，考试了，从脑子里提取知识，熟门熟路，像抽屉里的东西，自己放的，找起来方便。被动学习，知识不是自己放脑子里的，而是老师放的。考试了，要从脑子里提取知识，会找不着。就像抽屉里的东西，妈妈帮你整理，帮你放的，你一时之间找不着。这些同学，往往考试一结束，和同学一聊，马上明白了，错得很冤，明明会的呀，怎么当时想不起来呢。"

我这么一讲，大家都"嗯嗯"地点头。

语文学习和语文考试不是一回事。语文素养高的人，语言积累丰厚的人，考试不一定能取胜。写高考作文，作家也比不过学霸。《姑苏晚报》曾请市内的著名作家参与中考写作，其中有全国知名作家荆歌，我们吴江人，出版了很多书。那次，他的作文只得了40来分。

一篇篇课文的学习是语文学习，"读书推荐会"是语文学习，办《班级作文周报》是语文学习，而做一道道"修改病句""反问句改陈述句""填关联词""选词填空"，并不是真正的语文学习，它是语文考试。

考来考去，无非"看拼音写词语""按要求写成语""按课文内容填空""课文常识填空""关联词填空""选词填空""排列句子顺序""按要求写句子""阅读理解""口语交际""作文"。

"看拼音写词语"，必考的，也是简单的，花点时间记，谁不能记住？一、二年级的小朋友都能。高年级学生，态度端正复习10天，够了。态度不端正，不认真，20天，一个月，也不一定管用。

怎么算态度好了、主动了呢？周乐鸣的"复习三不"，很有意思：

1. 复习期间，不参加活动，活动多了，复习的时间自然少了。2. 复习期间，不看课外书。10天不看课外书不要紧，考好了，痛痛快快看。复习时沉迷于课外书里，心思老想着书里的情节，自然不定心。3. 复习期间，不看电视。反正，电视要重播的，假期里可以补看。

如此复习10来天，父母、老师一定会为你而欣慰，万一考试出什么疏漏，你也可以问心无愧，父母也一定会见谅的。

"我眼中的复习小标兵"

复习期间，"每日素材"的主题定为"我眼中的复习小标兵"。每天，关注班里的复习小标兵，互学互赶，枯燥的复习变成一次学习状态的展现和发现。

复习，紧张在每一门学科都有课堂作业、回家作业，作业或多或少有错，错了要订正。课排得满满，订正得忙里偷闲，说白了，是用课间、午间、早上、傍晚的闲暇时间。

"谁能成为大家眼中的复习小标兵？"我说，"不是你考试名列前茅，而是在复习中你能闪烁出争分夺秒、刻苦自强的学习精神。"

《班级作文周报》在周五出版，这次提前至周二。原因是这次内容特殊，如朱冰清的《我眼中的"复习小标兵"》，归少东的《标兵大图鉴》，耿扬的《复习军团》，沈翔的《"精兵"大搜索》等，出版越早，舆论营造越早，从中获得的力量就越早。

紧张、辛苦里，也有生动、活泼、乐趣。生活中，很多工作都紧张、劳累，却也充满乐趣、欢笑。战士的训练，很苦、很累，站军姿，一站一小时，累死你，然而，每一个退伍的战士，都很怀念那段艰难训练的日子。少年版《美文》，有一个阶段，请考入名牌大学的大一学生，谈他们的高三生活。每一篇我都认真读了。我读出了高三的苦和累，也读出了越过高三后，回味高三时的刻骨铭心。辛苦与幸福紧紧相连。"辛苦"的"辛"和"幸福"的"幸"，何其相似，老祖宗的造字似乎在暗示我们。

作文教学上，我投入的时间和精力比别的教师多。复习期间，《班级作文周报》依然办，佳作依然评，依然向报刊社投稿。复习的每一天，我都很紧张，总觉时间不够，很辛苦也很幸福，我多做了一份事，我用《班级作文周报》的形式，留驻了一份紧张的、复习的童年。幸福和自豪，往往源于你辛苦的付出。

"我眼中的复习小标兵"的专题作文中，提到的小标兵有，小仪、朱冰清、朱心宜、阿涛、闻贡源、陈一言、李静贤等，他们的光荣和他们的辛苦学习联系在一起。什么叫"刻苦"？连"苦"都能克服掉的学习。"快乐学习"并不是不做作业，想玩就玩。真正的快乐学习，是能享受学习的苦，享受学习的累。"快乐作文"，不是从此想写就写，不想写就不写，想写这么点就写这么点，写500字得100分，写200字也得100分，错字连篇也给你100分，这绝不是"快乐作文"，而是"害人作文"。这也不是"快乐学习"，而是"害人学习"。

《班级作文周报》刊出后，多印了 50 份，请"复习小标兵"们发送给其他班级。发送中，他们会享受到"辛苦"所带来的美好和光荣。

"我眼中的复习小标兵"，每天只能记录一个同学。每天请小助手统计，看谁的名字出现在别人的"每日素材"里，看谁的名字出现的次数多。最多的同学能得一张期末加分券，一张期末加分券，期末考试加一分。其他的名字出现在别人的"每日素材"里的，可以参加抽奖，每天抽取 10% 的同学，得期末考试加分券一张。如此，期末复习的氛围自然好，氛围一好，考试自然差不了。

上一轮的"我眼中的复习标兵"，一向不被看好的小炜，连续一周，天天成为大家眼里的复习小标兵，每天的得票都是最高的。我赞叹，大家惊叹，小炜铆足了劲，期末有了巨大的进步，这一事件，成为他小学里的关键事件，之后的他换了个人似的。

"我的主动复习周"

被动学习是痛苦的，主动学习是快乐的。主动与被动，一念之差。女儿不愿意弹琴，老妈逼她弹，女儿弹得不情愿，不开心，老妈也不开心；女儿愿意弹琴，弹得主动，也用心，投入，不知不觉，一小时过去了，她开心，老妈也开心。一样的弹琴，不一样的收获：一个主动而快乐，一个被动而烦恼。作为万物之灵的人，你要控制"被动"，而不是"被动"来控制你。

又一期末，"每日素材"的主题定为"我的主动复习周"，每天简要记录自己主动复习的一个事儿。每天，我读学生的"主动复习"，摘录发在博客上，或抽时间读给大家听：

• 蔡张胤：回家作业，要求做 30 分钟，做不完可以不做。30 分钟，他没做完，却不肯停，坚持将试卷做完。

• 庄陆凌：作业做完了，发现没什么事可做，主动找习题，做了起来。

• 归少东：睡梦中都在背《风速歌》，醒来就背，还真熟练地背出来了。

• 小英：以最快的速度写完了回家作业，做起了妈妈买的《金三练》，根据自己的弱项有选择地做。

• 闻贡源：将六大题型的答题要点，以日记的形式写下来，写了 4 页半，日记就是复习。

• 朱立凡：想起生病时落下的数学课，现在拿起书，读这些章节，打通堵塞的地方。

• 李静贤：在空调里懒洋洋的，她开了窗，在窗口的冷风里背，背了半个小时，之后，又写了两页的日记。

• 吴新伊：请妈妈帮她默词语，妈妈很惊讶。吴新伊说，当时，妈妈的声音温柔下来，温柔得吓死人："这才是我的好女儿。"

主动，战胜了被动这个恶魔，一家人都高兴。

做好一件事情，第一要"坚持"，坚持总会有成绩。学钢琴的，拉二胡的，一段时间里，不想弹，不想拉，爸妈逼着拉，逼着弹，也真考出了十级八级，能轻松地弹出、拉出好听的曲儿来。

第二在"主动"，坚持下的"主动"，比金子还宝贵。学生写一天"我的主动复习"，就是在给自己的"坚持"打气，就是在给自己的"主动"打气。

语文：每天收获一点

期末复习阶段，"每日素材"主题词会有所变化。这不，本学期的复习主题定为"语文：每天收获一点"。既指向"主动"，也指向"有效"，指向自己"不知""不懂"的变为"知了""懂了"。

昨天的"每日素材"里，很多同学谈了自己的"收获"——

庄陆凌说，"勾勒""迂回"两个词，会写了。

王剑鑫说，明白了修改一段话的操作步骤，知道了"词序颠倒"这类病句的改法。

史浩宇说，收获了做题三部曲：做前读一读，做时读一读，做后读一读。

陈帅志说，看了很多自己平时写错的字，很有感触，收获了"寥寥无几"的"寥寥"、"惴惴不安"的"惴惴"等字词。

邹铭恒说，收获了考试注意点，句尾不能忘写句号、问号或感叹号。改病句，要记清有哪几类病因。

戴岑容说，复习练习册，看到了很多已经逐渐遗忘的知识点，比如《船长》最后一句的意思，比如《给家乡孩子的信》的两个"终于"的不同含义等。

葛佳玥说，看课文常识的复习资料，发现了自己以前理解错的地方。

还有很多同学谈到了知识以外的收获："细致"。

朱冰清说，"这次考试，我真正懂得了不细致会带来怎样的后果"，还说"管大天天在耳边烦，我们还没做到。考试的时候，不细致怎么行"。

王心怡针对自己背诵上的多字、漏字现象，举了好多例子，给自己的马虎、不细致动手术，最后说："不看不知道，一看吓一跳，才那么几篇课文，我就有那么多个错误。"

孙在君想起老爸讲的，"看错题，就像看错爸爸妈妈一样"，认识到不细致会闹出笑话。

每天带着"收获一点"的心去复习，学生怎么会不努力、不细致？怎么会是无效复习？

主动复习即快乐复习

美国的西雅图有个鱼市，卖鱼的人个个面带笑容，人人亲密无间。一个人拿着一条冰冻的鱼，像棒球运动员拿着棒球一般，打着招呼，扔向对面的伙伴，大家也都和他一样，将手中的鱼扔了出去，顿时，空中出现了无比壮丽的景观，到处是飘来飘去的冻鱼，大家一边扔，一边和着：

"10 条鲤鱼飞到华盛顿，嘿、嘿。"

"快来看哟，嘿、嘿，8 条大蟹飞到纽约了。"

节拍和谐，节奏明快，鱼市充满了欢乐和幽默。欢快的气氛中，鱼市上散发出的腥膻味似乎没了踪影，空气中弥漫着浓浓的人情味，置身其中，想不快乐都不成。

以前，这里也是死气沉沉。大家为生计奔波，从早到晚脸上难有笑容，满是无尽的抱怨。一次，新来了一个鱼贩子，他鼓动大家："与其每天埋在抱怨里，不如改变工作的品质，卖鱼不再当作卖鱼，而当作一种艺术来享受，我们心情就会愉快起来的。"

大家半信半疑地做了。一个小小的思维的改变，改变了大家的生活，卖鱼不再是一件枯燥烦闷的事。大家把自己当成了杂技团的演员、合唱队的队员、棒球运动员，卖鱼时，各自展示娴熟的手艺，亮开歌喉，放声高唱自编的歌词，鱼市上，笑声歌声此起彼伏，不绝于耳。

从抱怨的、被动的生活中跳出来，以主动的、积极的心态去迎接，生活质量发生了翻天覆地的变化。期末，作业增多，压力增大，这个现状改变不了，能改变的是对待作业、对待复习、对待压力的心态。

戴岑容谈了"主动复习的甜"，复习得很开心。

小仪说："写完一张试卷，我的脸庞上挂着 45 度的标准微笑，哼起了校歌《HAPPY FLYING》，又唱起了《音符》，啊，心情好得赶上被清华大学、牛津大学、剑桥大学和哈佛大学同时录取。"

李静贤说，"关联词"一项，弱。吃一堑，长一智，这次，主动攻占"关联词填空"，哪里摔倒，从哪里爬起来。

顾君珺复习了规定"动作"后，又完成了额外的，"跟耿扬一样，也有一种成就感"。

徐泽辰说，以往复习，没有妈妈在，就会玩些什么，吃点什么，今天，"我一做好作业，就看妈妈从网上拉下来的资料，还看得入迷了"。

以这样的心态来对待复习、作业、考试，多么快乐。你的主动，家长看到了，哪怕考砸了，绝大多数的家长，也会原谅的。家长最恼火的是，平时复习吊儿郎当，考试又没考好。

回到西雅图的那个鱼市。

鱼市里的人情绪好起来了，他们的情绪感染了附近上班的人，附近的人纷纷来这里买鱼，还有人买了好酒好菜，和鱼贩子们一起用餐，目的就是图个好心情。还有老板专门跑来，向鱼贩子讨教提升员工士气的秘诀："你们整天泡在充斥鱼腥味的环境里，工作又这样辛苦，为什么还如此快乐？"

"这没什么奇怪的，只要你这样想就行了：不是生活亏待了我们，而是我们的期望值太高了。只要你留意，每个角落都隐藏着无数个快乐，我们要做的，就是把隐藏的快乐拉出来，一起和我们晒太阳。"

故事讲到这里，我对学生说，生活真的没有亏待我们。无数快乐被你的坏心情掩盖了。复习也好，考试也好，里面也有快乐，也有温馨。

有效复习的"四要素"

成功的四要素：1. 定位，2. 计划，3. 行动，4. 坚持。成功的复习也是。

1. 定位。早上，学生写下预想中的期末成绩。搜集后，预想的成绩输入电脑，一算，平均分 95.8。每个同学的目标都在 90 分以上。将学生写的小纸片发还，要求他们放在铅笔盒里，每天看一看自己的定位。

2. 计划。一个人目标越明确、细致，实现目标的几率就越大。预期的目标要实现，要有计划，计划要细。"字"允许失几分？"词"允许失几分？"句"允许失几分？"短文"允许失几分？"课文常识"允许失几分？"修改一段话"允许失几分？"句型转换"允许失几分？"按要求写成语"允许失几分？"选词填空"允许失几分？"填关联词"允许失几分？"阅读题"允许失几分？"作文"允许失几分？心中无数，自己也不知道哪些应该拿下的，哪些要失点分的，肯定不行。

3. 行动。怎样的付出就有怎样的收获，天上不会掉馅饼，付出与收获永远成正比。我给大家讲了一个故事：一个落魄不得志的中年人，每隔两三天就去教堂祈祷，每次的祷告词都是相同的。第一次来到教堂，他跪在圣坛前祷告："上帝呀，让我中一次彩票吧！我愿做你忠实的仆人，阿门。"两天后又去祷告，"上帝呀，让我中一次彩吧！我愿做你忠实的仆人，阿门。"几天后又去祷告，祷词是一样的。那一次，他说："上帝，为什么你不聆听我的祷告呢？让我中一次彩票吧！"此时，圣坛上一个庄严的声音响起"我一直都在听你的祷告，可最起码，你应该买一张彩票吧！"

同学们笑了起来，说，那人真傻。

"有了目标，不朝着定下的目标去行动，也就或多或少也有了那人的'傻'。"我说。

4. 坚持。期末复习，不过 10 来天。坚持 10 天，认真、努力、主动，一项项复习，就能赢来整个快乐的假期。坚持 10 天，不是太大的难事。"行动 10 天，收获快乐寒假和幸福新年"，我们的复习口号。每个学期，征集响亮的、积极的复习口号，也是一件很有意思的事。

口号的力量，在于鼓舞人心，凝聚力量，减少散耗。

过关复习法、个性复习法和"复习树"

有时，我采用"过关复习法"，分四块内容：积累、朗读、阅读、作文。

"积累"关，14 个同学未过。我对他们说，放学后，你们可以留下来继续过关，过关得"优秀"；也可以不留下，得"良好"。14 个人，走 7 个，留 7 个。留下来的，催我快点测试。我不急，重点内容让他们读一读，背一背。15 分钟后——

"你们过关了，优秀。"他们很意外，我说，"这次过的是意志关。你们是有意志的人，在失败面前敢于斗争的人！"

次日，那走了的 7 位同学，都说"不合算"。要的就是这声"不合算"。

"他们的成绩比你们上了一个等级，不是你们笨，而是他们能坚持。很多人的成功，不是聪明，不是有背景，不是真比你强大很多，只为他能坚持，坚持了，他胜利了。你们失败的是意志。"

从前有两只青蛙，溜到农民的房子里玩。它们站到一个坛子沿上跳舞，不小心掉到里面去了。里面装的是黏糊糊的黄油，它们想跳出去，油太黏；它们想爬出去，壁太滑。几经尝试，都以失败而告终。青蛙A边游边想，哎，倒了八辈子霉了，死期到了，算了，反正没希望了，还瞎折腾干嘛。这样一想，就不动了。青蛙B也边游边想，糟糕，我不能等死啊，家里人正等着我呢。只要有一线生机，我都要游下去。它坚持划动着四肢，就在它快要划不动的时候，后腿碰到了坚实的固体，原来，黄油在它不停地搅动下，凝固了，它就踩着黄油跳出了坛子。

"青蛙B为什么能在绝处逢生，靠的就是永不放弃的精神，只要有一线希望在，就绝不放弃！"

听了故事，那7位先走的同学要求重新过关。我不答应。经受一次失败的教训，比起"良好"改为"优秀"，更重要。

过关复习，要面对全体，也要面对个体。

"眼睛闭上。"大家不知道我葫芦里卖什么药，奇怪地闭上了眼，我说，"趴在桌上，休息5分钟。"

"休息了5分钟，这节课还有35分钟，用35分钟做出40分钟的效率，行不行？"我问。

"行！"大家齐声答道。

我在黑板上写下："什么是最好的复习？"

大家都说不出来。

"复习由两个部分组成：一、共性复习，老师组织大家一起复习，大家做一样的题、读一样文、拿一样的复习资料。共性复习的关键，在于及时，不拖拉。二、个性复习，自己掌握复习时间，根据自己的需要、自己的薄弱环节来复习，它的关键，在于主动。不会个性复习的人，往往不能取得好成绩。从共性复习到个性复习，有一个关键词：发现。共性复习的时候，发现自己着力要复习的地方。"

一节课给大家"个性复习"。所有的同学都很认真，很投入，都在寻找着自己的薄弱环节，消灭着薄弱的环节。

"觉得 35 分钟胜过 40 分钟的同学，请举手。"下课前我问，95％以上的同学都举了手，"复习，和时间的长短不成正比；复习，和复习的效率成正比。"

下午，继续用好自己支配的时间，个性复习的关键。

"共性复习，老师组织同学的有计划的复习；个性复习，自己组织自己的有计划的复习，没有计划，效率不会高。本周，主要复习读背内容，你准备怎么安排？花两分钟，静想一下。"

一些同学拿起笔，写起了安排。课上，大家的复习状态，令人满意。

要想复习轻松些，效果好一些。教师就要研究考试方向，吃透命题方向。研究文本，教学的需要；研究考试，也是。考试是教学的指挥棒，指挥棒指错了方向，那是指挥者的问题，而不是一线战士的问题。一个老师，不知道考试的指挥棒指向哪里，就不可能带领学生取得考试的胜利。

中国的考试本来就繁杂多变，各个地区的命题各有各的倾向，能在江苏卷里取得高分的学生，不一定能在上海卷取得高分。研究考试，要针对本土。

新学期新接班，我总要到教务处要近两年的期末卷，这些卷子中的难点、要点装在胸中，教学时就能胸有成竹。也只有这样的教学，才是有效的教学：不怕考试的教学，才是不增加学生负担的教学。一些课堂很动情，很活跃，很美，一到考试，重头来过，不是增加负担，又是什么？

语文考试，不外乎基础知识和基本技能。借鉴魏书生的"知识树"，学生画"复习树"，左主枝"基础知识"，横生出小枝干，如课文常识、背诵课文、名言警句、词语成语、作家卡片、课外常识等；右主枝"基本技能"，横生出反问句与陈述句的相互转换、修改病句、按要求写句子、按要求写成语、选词填空等。"树"画好了，学生心中有了复习的"纲"，举纲而动。

"复习树"也适合于单元小复习。每个单元结束，学生可以根据"复习树"来总结、整理本单元的知识点。

我们的"复习投保公司"

2002年6月26日，时任苏州市副市长的朱永新教授发帖，开"朱永新成功保险公司"，保期十年，投保条件：每日三省吾身，写千字文一篇，十年后持3650篇千字文来本公司。理赔办法：十年后，投保方未能跻身成功者之列，本公司愿以一赔十。

我也在班上开保险公司。投保对象：本班全体同学。投保条件：（1）能够向我公司递交一份合格的复习计划书；（2）能够按自己的计划进行复习，每日写好复习简要。投保内容：毕业考试保证超越自我，如有问题，我公司负责赔"分"。注：未交复习计划书以及不能按照计划书复习的，本公司将不予理赔。欢迎广大同学前来参加保险，办理时间：本广告公布日起，两个工作日内。

真有同学来投保。我和投保者共同制定好复习计划，这就是一个整理、梳理复习要点的过程。对于一些学习成绩不理想的同学，我则主动揽生意，劝他来"投保"："期末你准备考多少分？"

"争取优秀。"

"按照你目前的学习状况，这个成绩不是不可能。我以为，你上了保险公司，就一定成为现实。"

"管老师，我考不到'优秀'，你真会赔我?"

"那当然! 你们的分数，还不在我的手里?"学生的分数并不一定在任课老师手里，期末统一考试，分数在教导处呢。学生不清楚，信以为真。

那次期末考试，他没有达到优秀，差2分。

按规定，我可以不赔偿，他在复习阶段，并没有很好地执行复习计划。由于本公司刚开张，当着全班同学的面，我将他的成绩从"良好"改为"优秀"。

"考试，并不能完全将你的学业成绩测试出来，有的时候，复习到的没考到，考到的恰恰是你疏忽的。你可能就是这样的不幸者。"一些同学禁不住点了点头。"下学期，欢迎大家来投保。只要你按要求制定好复习计划，认真复习，分数，我给你上保险!"

承诺当场兑现，下学期开张，人气就旺；人气旺，就是复习的士气旺。考场如战场，士气旺盛，不仅能考出好成绩，还能从枯燥的、乏味的、痛苦的复习中解脱出来。

快乐的复习思维操

课前，猜脑筋急转弯，活活脑，也活活心。

"大家最近做题做多了，脑袋是不是有点呆滞，考考你们——"我说，"什么东西天气越热，它爬得越高?"——"温度计。"

"什么动物，你打死了它却流了你的血?"——"蚊子。"

　　"谁天天去医院看病?"——"医生。"

　　"什么照片看不出照的是谁?"这下可把绝大多数的人给蒙住了，只有三四个同学举手，——"X光照片。"

　　复习期，上网查阅有趣的脑筋急转弯，成为备课的一个内容。越紧张，越要放松。复习前，做一下快乐思维操，活跃气氛，换换心思，从数学程序或英语程序中退出来，有意思，也有必要。

手记十：一线"反思学"

　　一线教师和学生的相处不只在课堂，一线教师对学生的影响不只在课堂，一线教师与学生的接触是全方位、全时段的，很多非课堂因素、非教学因素，在一线教育教学中所起的重要作用，有必要再认识。

　　一线教师的反思，仅从课堂教学来反思，那是片面的，不够的。送走一个班，一线教师要从宽广的视角，从带班的整体，从与学生朝夕同行的点滴，反思哪些做得好，哪些不够，哪些要改进，哪些要摒弃，哪些技术要变化，哪些观念要更新……

教师态度："先严后慈"还是"先慈后严"？

　　没教过县城的学生，我心里没谱。

　　第一节课，学生猜猜、笑笑，笑笑、猜猜，不知不觉，下课了。

　　杨秋凡说："开学第一天，来了位新老师。我原以为老师很凶，没想到，他把自己的照片、缺点、优点全贡献出来，还有很多描述，我们被逗得哄堂大笑。这个"开心果",一定会让我们的语文课丰富多彩。"

王剑鑫说:"管老师没有架子,喜欢跟同学交朋友。我喜欢管老师,他既是我们的朋友,又是我们的老师。我一定要跟管老师交好朋友,当好他的学生。"

朱心宜说:"我们班来了个男老师。一开始,我以为会跟他合不来。没想到,这个老师比我想象的还要出色。原因是,男老师不仅是开心果,还会出《班级作文周报》,更重要的是,这位老师还是位'作家'呢。"

朱冰清说:"哈,今天我们班来了一位'新人',他就是管老师。刚见他,我就有一种亲切感,不知道为什么。我真喜欢他了!管老师非常幽默,一节课,能让我笑5次以上。我发现,我喜欢语文课了。"

李静贤说:"本以为管老师简单介绍一下自己,就上课了。出乎意料,他不仅介绍了姓名,还对自己的性别、年龄、爱好等等,做了回答,幽默、风趣,一点也不像老师,倒像是我们的好朋友。管老师和我一样,来自农村,头发不涂发胶、啫喱水,穿布鞋,很朴素,和蔼又可亲。相处了一天,我相信,管老师是一个非常非常好的老师。"

自以为成功的开场白。后来,我才认识到它隐藏的祸患。

第一节课,学生也想给新老师一个好印象,表现自然好,纪律也不错。时间久了,问题来了,这个班本来就"皮",老师不"凶",好说话,课上想说就说,想笑就笑,想吃东西就吃东西。我制止,学生就说,管老师变了,变凶了,不好了。

"恩宜自淡而浓,先浓后淡者,人忘其惠。威宜自严而宽,先宽后严者,人怨其酷。"读《菜根谭》,我恍然明白,犯了"先宽后严者,人怨其酷"的错。

星云法师说,师长教导后辈的方式分四等:先慈后严,先严后慈,亦慈亦严,不慈不严。"亦慈亦严",非普通教师能达到。于永正老师的带班第一课，请学生表演成语，交头接耳、手舞足蹈、藏头露尾，热闹得很。于老师出示"全神贯注"，学生一个个端端正正，凝神屏息。于老师正色道："上课。"

大概，这就是"亦慈亦严"吧。

激励策略："先强"还是"后强"？

学生的学习积极性与教师的激励密切相关。一年级，老师奖一朵小红花，学生会高兴上三天，之后，高兴劲会由三天变为两天、一天、半天、一时。

一线教师带班，激励强度应渐次推进。起初，激励少、轻、细，而后，渐强、渐重、渐粗、渐浓。

我有两次过量、过头的激励。

"作业日日清"比赛，连续三次前三名的小组，受邀到我家玩。学生的兴趣调动起来了，作业组长的管理激活了，我的目的达到了。到老师家做客，一件无上光荣的事。"无上光荣"的刺激，却使得后期的激励苍白起来——带班不是短期的，它是长期的。

6月，班级词语大赛、课文诵背大赛，我许诺，前4名的学生，受邀去我老家的西瓜田里采西瓜。城里的孩子很少见到农田，更少见到西瓜田，西瓜田里亲手采摘西瓜，诱人。这一招，就当时来讲，很有效。然而，这是我带班的第一年啊，最有力量的激励手段使出来了，后续的激励措施，必然会失去效应。高刺激、强激励的招儿，要放到最后，邀请学生到家里玩、去乡下采西瓜，应放在毕业前。高刺激的奖励，仅是最初的美好回忆，学生会认为老师怎么越来越不好了。

激励，要有一个统筹安排。不能今天想到这个，用这个；明天想到那个，用那个。那两次激励，从短时的效果来看，简直能成优秀的案例。而从长远来看，此时的成功却为彼时的失败埋下了种子。

师生关系："课上是朋友"还是"课后是朋友"？

场景一：

放学，沈翔故意拦着我。我使了个计，脱身了，又被迎面而来的陈天荣挡住。陈天荣突然盯着我的眼睛，一本正经地说："看着我，眼睛是心灵的窗户。"

我看着他。他说："我看到你爱你的老婆。"

我也认真地盯着他，他避让。我就看沈翔："沈翔，你有一颗善良的心。"

再盯着陈天荣，他不避了。我说："你有一颗坚强的心。"

庄陆凌也过来，我看着他，他笑。我说："你有一颗博大的心。"

王宇俊正好走过。我看他，说："你有一颗调皮的心。"

"不错不错，调皮的心也不错。"王宇俊笑着嚷着回家了。

场景二：

班上流行整人游戏。一学生跑过来："管老师，猪是 A，羊是 B，狗是 C，考考你的反应？"羊是——""B。"我答。

"狗是——""C。"

"猪是——""A。"

"猪是——""A。"

"猪是——""A。"

连续问了几个，我才发觉上了当："A"同"哎"音，我承认是小猪了。

场景三：

"数字 1 和数字 3 中间是什么数？""2。"

"数字 3 和数字 5 之间是什么数？""4。"

"数字 7 和数字 9 之间是什么数？""8。"

"真聪明。"我夸道，"下面难一点了，看谁反应快。——老一和老三之间是什么？"

"老二。"

"老三和老五之间是什么？"

"老四。"

"老七和老九之间是什么？"

"老八。"一群人抢着回答。

"老七和老九之间到底是什么？

"老八。"大家答得更响亮、更起劲了。

我哈哈大笑起来。一个机灵鬼恍然大悟，说："你们在叫管老师'老爸'！上当啦！"

上述情景都发生在课外。课上，我不这样子。课下是朋友，课上是师生。课程那么多，要求那么高，望子成龙、望女成凤的心又那么切，一年级的孩子，语文得了 90，数学得了 92，家长急得要命。课堂没有优良的纪律，就不会有家长和教育行政部门需要的学习成绩。竞争激烈的教育背景下，低效率预示着高付出，意味着教师要利用更多课外的时间去补。

课堂上的师生关系，一种有距离的亲切。没有距离的亲切出现在公开课上，有多少老师听课，就有多少老师在帮着管纪律。民主、随和、无距离的亲切，在非教学时段。一线老师要尽可能地挤出时间，在非教学时间、非课堂时间和学生玩耍、交流，这些时刻，学生会真切体会到老师的亲切、随和、民主。

课上，恰当的评语、突发事件的处理，也会流露出教师对学生的情感和态度。这些不够，光靠课堂生活，教师和学生间的感情不充沛、不丰盈。非教学时段，多和学生呆一起，沉到童年里去，其意义和作用不容小视。

课代表："轮换制"还是"终身制"？

招募 4 名语文小助手，要求与分配如下：

1. 阅读作业的助手，1 名。要求：A. 每节语文课前，及时到老师办公室拿作业本，发下。B. 早上早点到班，带大家读课文或课外书。C. 每日统计作业上交情况。

2.《班级作文周报》的助手，1 名。要求：A. 能及时收发"每日素材"本。B. 周四，裁剪《班级作文周报》样报，发给小作者；小作者改后，收好，交给老师。C. 每日统计"每日素材"本的上交情况。

3. 古诗背诵的助手，1 名。要求：A. 能较为熟练地背诵古诗 70 首。B. 每日按时公布背诵篇目，预备铃后，带大家背诵。C. 做好每周一次的默写检查、批阅、统计。

4. "积分"计算的助手，1 名。要求：A. 能静下心来做事，认真计算。B. 愿为大家付出时间和精力。

5. 上一届担任过语文小助手的，暂不考虑。

好就好在第 5 点。一位普通的同学当上了语文小助手，或许会彻底改变对语文的态度。我也真取得了成效，如小醢、晓辰。

坏也坏在第5点。一般而言，第一任语文小助手，语文学习和班级声望都比较高，是老师的得力助手。轮流制，轮不上了，会有失落感，认为老师不重视他们。有的从此不带头，有的在背后对老师说三道四。这些同学的话语，有影响力啊。

"老助手"做事老到、负责，经常和老师接触，感情深。私下里，同学议论老师，能及时与老师沟通，甚至能为老师仗义执言。"轮流制"还是"终身制"，从理论层面来讲，优劣很清楚，实践层面却并非如此。班级干部，也是这样。

学校声誉："与我何干"还是"与我相干"？

学校强，有面子；学校弱，丢面子。学校声誉和一线教师的声誉，紧密相连。

一次，学校来了个年轻人，他孩子要读一年级，不知该到哪儿报名。我给他介绍了学校的一年级招生情况，并将他送到报名处。后来，他的孩子录取了，打电话给我，问什么时候读拼音班，说教务处没人。我也不知道，问了人，回电给他，他很感动，说，孩子还没有上一天学，对你们学校却格外放心。

我付出一点点的额外工作，他就这么看好我们的学校。我也有理由相信，他也会这么去宣传我们学校。作为学校的一员，身处其间，我自然感到光荣。

一位学生去外面报考初中，要携带近几个学期的"素质报告单"。家长打电话来，有一个学期的报告单不见了，问我能否补一张。已是暑假，素质报告单要校长、教导主任、德育主任、班主任多人的盖章，我说，一时之间怕办不成。

那孩子没有考上心仪的初中，或许与"素质报告单"关系不大，我依然不安，或许班主任那儿有一张空白的，章都盖好了的；或许德育主任那儿有一张空白的，只缺班主任的。我没试着做，就摆出拒绝的理由，不应该。

看到地上的废纸、空牛奶袋，我会弯下腰来捡，让校园干净些，整洁些，而我又力所能及，该做。一次，期末考试，批到隔壁班同学的作文，说看到管老师做这些小事，从此以后，他再也不乱扔东西。看到其他班的学生违反纪律，上前制止，或及时告知学生的班主任，看到其他班的学生有好的表现，夸一声。

这是我，一位一线教师的教育声誉观、学校声誉观。

教育思想：高于家长"好"还是"坏"？

随着《步步惊心》《宫》《甄嬛传》的热播，班上流行起一个热词——"掌嘴"，班上有了新游戏——"掌嘴"。同学间，谁输了，就"掌嘴"。A输了，愿赌服输，自己打两下。B输了，愿赌服输，也打自己两下。体育课上，一男生严重违反课堂纪律，体育老师喝道："掌嘴！"大家心领神会，嘻哈声中，那同学自己打了两下，课堂恢复了正常。

一个儿童的游戏。老师了解孩子的游戏，顺水推舟地用了。有同学就此写了作文，字里行间也是儿童的快乐。哪知道，男生的家长见了，不依不饶，非说老师变相体罚，要个说法。

每天学生写"每日素材"，每周学生写"每周作文"，一学期下来，写掉

10来个本子，出版了40期《班级作文周报》，《班级作文周报》一期4页，计160页。为了保留童年的印记，每学期进行"我的书"装帧设计大赛，每学年进行"我的报"装帧设计大赛。一位老师这么做了，有家长到网上投诉，说现在的老师怎么这么变态，要孩子做"书"，还要像真的书那样，有封面设计，有封底设计，有书名，有出版社，有代码。

多年不看书的家长也有人在，即便看，也大都跟教育无关。老师的教育教学思想走在家长的前面，正常。毕竟，老师多少要翻翻教育报刊，多少要读读教育书籍，多少要参加教育培训，多少要写写教育随笔或论文。当教师的思想超前家长有了一段距离后，家长不理解，说老师"变态""瞎弄"，即便只一个两个，也会搞得老师很郁闷。

教师的教育思想超前于家长，毋庸置疑是好事。要不然就不叫老师。然而，当家长跟不上发生冲突了，好事又成了坏事，怎么办？看来，教育的幸福，不光要有梦想，还要在理想和现实的落差里，找到平衡的着落点。

处事方略："宽容的糊涂"还是"糊涂的宽容"？

一群男生迫不及待地闯进来，陈天荣笑问："管老师，我这里有一首诗，你要不要看？"

我表示要看，他又说："不过有要求，你必须把它读出声音来。"

"对，对，必须读出声音来。"其他同学附和着。

读就读。纸条打开，瞄了一遍，没不认识的字。我一边读，大家一边笑。读完，已有人笑倒。终于有人忍住笑，给我翻译诗的谐音：

"卧梅又闻花"——"我没有文化"，

"卧枝绘中天"——"我只会种田",

"鱼吻卧石水"——"欲问我是谁",

"一透黛春绿"——"一头大蠢驴"。

我和大家一起笑。笑过之后，我说，我谈点看法吧："大哲学家苏格拉底说过，我只知道一件事，那就是我什么也不知道。自认为自己有文化，其实并没什么文化。一个真正会种田的人，并不是蠢驴。会劳动的人，是灵活的人，聪明的人。一个死读书，麦子、韭菜、稻子都搞不清楚的人，倒有可能是个书呆子，大蠢驴。"

陈天荣想起来了，大叫："管老师，你在说我！"

老师总期望学生优秀，趋向完美。哪怕一个小问题，总会敏感地落到眼里，及时指出来。以至有一天，学生说："管老师，你又要讲道理了。"

我有写教育日记的习惯，一天下来，没什么可写，好像一天白过了。有的时候，逼着自己去找教育故事，一刻意找，就有小题大做的事儿发生，比如"卧春"事件。

有人说，最好的父母是守望，最好的老师是代父母。老师是"麦田里的守望者"。一天没有教育故事，三天没有教育故事，平淡是真，也是教育的美吧？

教师：严厉的"监督者"还是温和的"组织者"？

早上，我去教室，一群男生正在教室外闹着。我进教室，教室里依然玩的玩、吵的吵。我不说话，坐在讲台边，拿出笔，记录所见所闻。

7:45，几个男生迅速回教室，教室里没有"心静好读书"的气氛。

7:47，王宇俊、邹铭恒、闻贡源等人在教室里玩溜溜球，玩得起劲。

7:48，陈帅志一会儿搂着陈天荣的脖子，一会儿又卡着陈天荣的脖子，不知是亲密还是仇恨。

7:50，沈翔在做数学作业，大概昨天的回家作业没做好。

7:52，教室里安静了些，陈天荣也玩起了溜溜球。

7:52，邓书婷、归少东看书认真，张泽豪也拿着书，却心不在焉。

7:54，陈天荣走出教室，追着楼宸宏跑，不知在干什么。

7:55，直到现在，瞿伟琪依然拿着早点，边吃，边在教室里逛。

7:56，有人扔了一个东西，很响，陈天荣、张泽豪、徐泽晨见了哈哈大笑。

7:58，朱立凡和邹铭恒在背书，也就在这个时候，王宇俊跑到了沈翔那儿，看漫画。陈天荣继续玩溜溜球，庄陆凌看得起劲，盯着，入了神，大概也想去买一个，玩一把。

8:00，张泽豪终于忍不住，离开座位，来到赵诣身边。

8:02，王剑鑫回了一下教室，又走了出去。一会又回来，手里握着个溜溜球。王宇俊回到了自己座位，继续看漫画。

8:04，邹铭恒不背书了，拿出溜溜球玩，闻贡源、王剑鑫也跟着遥遥呼应。

8:05，陈天荣再次拿出溜溜球，溜几下，好不自在逍遥。

这些，我发到博客上，请大家光临，发表意见。

“教小儿宜严，严气足以平躁气；待小人宜敬，敬心可以化邪心。”严，要有度；过度了，也不好。什么叫过度，当时当事，很难界定。现在想来，上述做法过头了，不如一到校，大家早读，书声琅琅，来得干净、利索、有效。老师成了严厉的监督者，观察，记录，师生关系易敌对。

庆幸的是，上一周我观察好现象，有了铺垫，学生能接受。

优等生：你用什么标准来衡量？

"每日素材"的主题是"从预备铃到上课铃"，学生将观察到的情况记下来。一获得写作素材，二协助班风建设。每日，我将阅读到的情况，简要汇总后，发博客上。A同学写了一位公认的优等生，说她和同桌在本该安静的时间里，争论汪东城帅还是炎亚纶帅。

优等生很生气，在博客上留言：哪个坏心的家伙在污蔑我！我绝对没有干！

又一回，一位优等生跑过来，朝我吼："管老师，你要是将闻贡源的作文发表出来，我就转学！"原来，闻贡源写了一篇作文，指出她利用职务之便，中午不排队，早早到食堂吃饭。

优等生获得的赏识并不少。优等生大都也是赏识出来的。当赏识成了优等生的生活常规，一遇批评就接受不了，他们承受挫折的能力在赏识的浸泡下，逐渐消失。从这点来看，优等生的概念界定，本身就有问题。什么样的学生叫优等生？品学兼优的学生叫优等生，而现实里，主要在"学"，至于"品"，只要不出什么问题，几乎忽略。再说了，你以"品"为标准，说哪个学生因为此而不是优等生，你若拿不出真实凭据，家长也闹。在中国，孩子的"品"的教育，远不如"学"的教育。"德育为首"叫那么响的背后，恰恰是"德育为吼"，"吼"一下而已。

抗挫能力，优秀人才不可或缺的素质，却没有纳入优等生的评价体系里。当前的优等生，学习为主要指标，"一白遮百丑"，家长宠着，教师宠着，同学让着，自我的完美主义一经膨胀，问题来了。

怎样评价优等生，或说用什么标准来界定优等生，怎样对目前的优等生进行挫折教育，是因为一线教师的我迫切希望得到引领的问题。

能力锻炼：非得当"官"吗？

一位同学广播操做得很不像样，我请体育委员帮助。

第一天，我问他辅导得怎么样，他摇头，没辅导。

第二天，我问他辅导得怎么样，他摇头，没辅导。

第三天，他依然摇头，我生气了："班干部都这样子，班还像什么班？你马上带他去练习。"隔了一会儿，我去看练习情况，很失望。体育委员振振有词："某某也是体育委员，为什么不让他干？"

我一听，傻了，体育委员也设了两个？一调查，全班 40 个人，大大小小的班干部 30 多个。

政府倡导精简机构、精简干部，尽管成效还不理想，至少在行动中。我们的教育，我们的学校，我们的班级，却在大搞机构臃肿、干部扩张，冠冕堂皇的理由，锻炼每一个学生的能力。

锻炼能力非得当"官"吗？不当"官"就不干事的人，连起码的责任感都没有，能力会有吗？有了又有何用？学生从小就在一个机构臃肿、干部扩张的班级里，耳闻目染，长大后，能精兵简政吗？

从小在庞大的"官僚"里，从小推卸责任"某某也是，为什么不让他干"，我们的国家还有希望吗？一个班级绝大多数的学生都是"官"，"官"们还会有模范带头作用吗？

眼保健操："做"还是"不做"？

上、下午各有一节眼保健操。然而，中国学生的视力并没有得到保护，近视率连年上升，眼镜行业成为热门行业。澳洲来访的学生，几乎没有戴眼镜的；前年，法国来访的高中生，也没有戴眼镜的。眼保健操究竟能不能"保眼"，不去说它；小学生按不准眼保健操里的穴位，却是事实。

中国学生的作业那么多，课间忙着做作业、订正作业。一些学生刚丢下铅笔、橡皮，就举起脏兮兮的手，揉眼睛，多不卫生啊。学生的手按在脸上，心里想着没写完的题目，怎么可能静心揉穴位呢？也有的学生，课间没有作业，跟同学玩游戏，眼保健操了，心里老想着课间的游戏，怎么可能安心找穴位呢？

做了调查，90％以上的学生，做眼保健操纯属应付，根本没想用它来保护眼睛。课上，我宣布，以后可以不做眼保健操，学生大呼万岁。没多久，学校要对学生做眼保健操的情况打分，评比，——学校年度考核有此内容。我只得收起承诺。学生很失望："老师，你怎么出尔反尔！"

由此事我想到，班主任、任课老师所做的事情、所出台的班级制度，应与校方、教育行政部门，尽可能一致，一旦发生冲突，胳膊拧不过大腿。失信于学生，师生交往中大忌。也许你的做法是对的，然而，"对的"不一定能在现实的土壤中发芽，长出应有的花与果。提升语文素养的最佳途径是读书、写作，多读好书，多写真话作文。你要取消那些无聊的、只对考试起作用的题目，学生自然高呼"万岁"，学校关、家长关、社会关，你能过吗？

一线教师没有话语权，没有行政权，没有决策权。对此，留一半清醒留一半醉，或许是一线教师最好的生存方式。

如此比赛：是智慧还是狡猾？

长跑比赛，陈天荣和沈翔分列第一、第二名。隔壁班的肖遥，夺冠声很高，却屈居第三。

我在陈帅志的日记里，看到了陈天荣和沈翔制胜的"秘诀"。

长跑不像短跑，一开始就拼命。陈帅志跑到肖遥的前面，一见肖遥要发力，立马改变跑道，用身体压着肖遥，肖遥往东，他也往东，肖遥往西，他也往西，肖遥完全被牵制了。当然，陈帅志也没有跑出好成绩。

我向陈帅志证实，他很兴奋，为自己的牺牲，换来陈天荣和沈翔的胜利而兴奋。

我担心的正是这一点。

人，常为小集团利益所蒙蔽，从而做出不光彩的事；做出不光彩的事的那人，还有一种为集体利益献身的豪迈与光荣。面对 12 岁的少年，我肯定了他为班级荣誉着想、心中有班级的行为后，问："你们胜得光彩吗？"

他没有想到我有此一问，愣了一下。

"你们获得胜利的时候，是否也失去了什么？"

我和他谈起了德国乒乓选手波尔和中国乒乓选手刘国正的故事。

那是场半决赛，2：3，波尔领先，再胜一局，波尔就赢了刘国正。第 6 局，进入赛点。刘国正回球出台，波尔的教练高举双臂，站起来迎接胜利，裁判和刘国正也以为比赛结束了。就在这时，戏剧性的一幕出现了，只见波尔手指台边，示意是擦边球，观众愣住了，全场鸦雀无声，接着，爆发一阵赞许的掌声。比赛再次启动，最终刘国正以 4 比 3 反败为胜。但波尔的大将风度，永远铭记世人的心中。

有人采访波尔，波尔说："那个球是擦着球台边飞出的，球速又极快，我的确可以赖账，如果那样，我就赢得了比赛。但是，我不想通过这种手段获胜，那样即使拿到金牌也不光荣。胜负是我追求的目标，诚实却是做人的道德本分。我情愿输了比赛，也绝不使用欺诈的手法，那太丢人了。"

"小伙子，面对波尔，我们不应该有点思索吗？"我将波尔的故事打印下来，塞在陈帅志的手里。我不再说什么。

运动比赛，有战略战术。陈帅志所做的是一种战术吗？凭直觉，我觉得不该这么做，比赛要凭实力。看了奥运会，我更糊涂了：球类比赛，只要对方连着得手，士气旺盛，另一方必然会要求暂停，一方面进行战术指导，另一方面也使对方的斗气得以消解。

陈帅志的所作所为：是战术上的智慧，还是不该有的小算盘？

考试研究：为应试教育，还是为素质教育？

每带一个班，我要研究最近两三年的期末卷、各级各类的质量调研卷。根据试卷的题目类型，收集相关试题，建立题库，发博客上。学生遇到不太熟悉的、没有把握的题目，去题库找来练习。

研究考试，琢磨考试，不是在倡导应试教育吗？应试教育和考试有着天然的说不清、道不明的暧昧关系。只有把握住考试的方向，教师才能以最少的时间和精力，让学生掌握考试所要的技能。也只有花最少的时间和精力对付住了考试，教师和学生才有可能腾出时间和空间来做想做的、愿做的事。

考试研究，表面看是应试教育，背后却是真正为素质教育出力。这样一种"曲线救国"，大概是中国教育的必然产物。

一个在考试中站不住脚的教师，没有话语权。一个过不了考试关的老师，其他方面做得再好，也难被人认可。研究考试，正是对现状的清醒承认和勇敢面对。就语文来说，我研究考试，还进行有针对性的训练。

如，小学里最主要的阅读能力是什么，小学里最主要的阅读题型是哪些，"联系上下文理解词语""找重点句""联系生活谈理解""读懂言外之意"等，这些重要的阅读能力，要心中有数，平时不断训练。

如，作文复习，搜集和整理一学期来的作文材料，以便于学生考试时，能在短时间内，将最熟悉、最典型的材料从大脑中调出来。

如，每单元整理一次笔记。整理内容应与单元考试链接。单元考试，实实在在抓在一线老师手里的考试，不能为考而考，要以此来明确学习的方向，以此来培养学生复习的习惯。下一单元卷上要出上一单元错误率高的题，以此使学生重视错题。

如，建立"错题本"，特别是默写词语、成语填空和按课文内容填空。"错题本"便于复习。学生只要将以往的错题掌握了，考试不成问题。

后记

我们都是一线教师

一线教师的责任田里，我种得并不出色。很多一线教师比我做得用心，做得好。

我只是记了下来。太多的一线教师，连同自己的生命，全部投掷到学生身上。丁老师说，半夜做梦喊着，两个，还有两个。两个什么，白日里未交作业的两个，没背出课文的两个。

他们朴素，朴直，他们比我更纯粹。

我至少还认为，我要将自己的价值，握在自己的手里，落在自己的笔上。

一线教师都是独一无二的"一个"。一线教师都有自己的一线故事。一线教师的生命就是由一个又一个的一线故事串成的。一线真实的教育就是由一个又一个真实的一线教师撑起的。

我拿起笔来，不忍一线的迷惘与困惑，失败与抗争，光荣与梦想，从指缝间默默溜走。

谨以此书，献给我的学生，我们约好了，我会写一本书，来记录、纪念我们的共同岁月。

　　谨以此书，献给我的同事，感谢你们的帮助，对于我们曾经的合作，我心怀感激。

　　谨以此书，献给我的妻子，没有她的支持，我前行的步伐会缓慢得多，泥泞得多。

　　妻，也是一线教师。

作者

2008 年金秋，改于 2014 年夏

图书在版编目（CIP）数据

　　一线教师/管建刚著 . —3 版 . —福州：福建教育
出版社，2014.11（2023.9 重印）
　　ISBN 978-7-5334-6657-2

　　Ⅰ.①一… 　Ⅱ.①管… 　Ⅲ.①小学教育－文集
Ⅳ.①G62-53

　　中国版本图书馆 CIP 数据核字（2014）第 235462 号

Yixian Jiaoshi

一线教师

管建刚　著

出版发行	**福建教育出版社**
	（福州市梦山路 27 号　邮编：350025　网址：www.fep.com.cn
	编辑部电话：0591-83779615　83726908
	发行部电话：0591-83721876　87115073　010-62024258）
出 版 人	江金辉
印　　刷	福建东南彩色印刷有限公司
	（福州市金山工业区　邮编：350002）
开　　本	710 毫米×1000 毫米　1/16
印　　张	14.25
字　　数	188 千字
插　　页	2
版　　次	2014 年 11 月第 3 版　　2023 年 9 月第 18 次印刷
书　　号	ISBN 978-7-5334-6657-2
定　　价	30.00 元

如发现本书印装质量问题，请向本社出版科（电话：0591-83726019）调换。